Erich Purk · Freiheit

W0172916

Erich Purk

Freiheit

Der spirituelle Fastenbegleiter

 bibelwerk

Ebenfalls erhältlich:
Erich Purk
Freiheit, Der spirituelle Fastenbegleiter im Postkartenformat
– 47 Karten, mit Aufstellmöglichkeit –
ILN 40-32382-27130-9

www.bibelwerk-impuls.de

ISBN 978-3-460-27138-8

Inhaltsverzeichnis

Vorwort

Auf meinem Computer leuchtet es mir immer entgegen: die Taste mit dem runden Zeichen zum Ein- und Ausschalten. Auf Handys und Fernsehgeräten ist das Zeichen zu sehen und nun auch auf dem Umschlag dieses Buches. Ein echter Hingucker!

Ich habe die Freiheit, den Schalter zu benutzen, draufzudrücken und abzuschalten. Doch da beginnt das Problem. Oft bin ich nicht Herr, sondern Sklave. Ich schaffe es nicht, das Gerät auszuschalten: Man spricht von Handy- und Computersucht, Abhängigkeit vom Fernsehen. Zu viele verbringen täglich sieben, acht Stunden vor der Flimmerkiste. Es gibt sogar Entwöhnungskuren, um seine Abhängigkeit zu überwinden und wieder frei zu werden. Aber die Sucht ist stark und eskaliert immer wieder. Das ist die Geschichte vom Ausschaltknopf: Ich nehme mir die Freiheit! – Wenn das nur so einfach wäre …

Darum geht es in diesem Buch, dem spirituellen Begleiter durch die Fastenzeit: Wie gewinne ich mehr Freiheit, um mein Leben zu gestalten? Und wie bewahre ich mir meine Freiheit? Die Verführungen und Manipulationen, die Versuchungen und Verlockungen sind heute unendlich groß. Darum ist der uralte Satz des Apostels Paulus ein Wort der Sehnsucht für mich: „Zur Freiheit hat Christus euch befreit. Lasst euch nicht wieder in Knechtschaft legen!" (siehe Gal 5,1). Dieses Buch ist wie eine Spurensuche, um die Fesseln zu lösen, die uns binden. Wenn die persönlichen Zwänge immer größer werden, dann wird die Sehnsucht nach Befreiung immer stärker. Es geht um einen Herrschaftswechsel. Die Fastenzeit ist wie ein Trainingscamp dafür.

Es gibt Schritte auf den Weg zur Freiheit. „Sieben Wochen ohne Fernsehen oder Alkohol" – so könnte das Trainingsprogramm lauten. Fasten und Formen des Verzichtens gehören dazu. Aufräumen und Ausräumen schaffen Freiraum. Manchmal ist mir eine „Atempause" hilfreich. Wenn ich außer Atem gerate und pausenlos beschäftigt bin, schiebe ich eine kleine „Auszeit" ein. In der „Unterbrechung" liegt die Möglichkeit eines neuen Lebensstiles. Ich möchte nach den Wegen suchen, die mir mehr Freiheit schenken und sie in der Fastenzeit einüben. Das bedeutet „mehr Leben gewinnen".

Das Thema von der Befreiung der Menschen geht aber noch weiter: In einer langen Befreiungsgeschichte sollte Israel lernen, allein auf Gott zu vertrauen. „Ich bin der Herr, dein Gott, du sollst keine fremden Götter neben mir haben" (nach Ex 20,2). Der Herrschaftswechsel von den Götzen zum einzigen Herrn und Gott ist auch heute angesagt. Die 40 Tage der Fastenzeit haben für mich auch diesen Sinn: Exodus – den neuen Aufbruch zu wagen und die „Fleischtöpfe Ägyptens" zu verlassen, um frei zu werden für den Weg, der aus der Knechtschaft in die Befreiung führt.

Früher hatten alle Lichtschalter einen kleinen Stöpsel, den man umlegen musste, um den Stromkreis zu unterbrechen. Im Sprachgebrauch sagte man „in sich einen Schalter umlegen". Somit wären wir wieder in der Fastenzeit angekommen: Sie ist eine gute Gelegenheit, den Schalter in mir umzulegen – eine „Aus-Zeit" zu nehmen –, um erlöster und freier zu werden.

Ihr
Pater Erich Purk

PS: In der Fastenzeit gibt es auch im Internet Hilfen und Begleitung, z.B. unter: www.internetexerzitien.katholisch.de

Aufbruch zur Freiheit

1. Tag · Aschermittwoch

Ein Anfang, der befreit

Wort der Schrift

Jetzt ist sie da, die Zeit der Gnade; jetzt ist er da, der Tag der Rettung (2 Kor 6,2).

Wort zum Tag

Jetzt ist die Zeit! Jetzt, nicht später, nicht irgendwann. Jetzt entscheidet sich, worauf es ankommt. „Morgen ist auch noch ein Tag!" Sicher, aber so kann ich alles aufschieben, vertagen. Jetzt gilt es. Wie oft habe ich Chancen ausgelassen und günstige Gelegenheiten verpasst? „Jetzt ist die Zeit der Gnade, jetzt ist der Tag des Heils" (nach 2 Kor 6,2).

Mit Aschermittwoch beginnen die 40 Tage der Fastenzeit. Der Kontrast kann nicht größer sein. Gestern noch ausgelassene Freude und heute wird Asche gesegnet. Das Aschenkreuz wird zum Zeichen der Vergänglichkeit. Alles ist vergänglich. „Mensch gedenke, dass du Staub bist!" Schocktherapie? Oder eindringlicher Appell?

Ich vertraue darauf, dass ich noch wachsen und mich verändern kann. Das ist meine positive Sicht der Dinge. Es muss nicht so bleiben, wie es ist. Ich vertraue auf Veränderungen. Das Gestern bestimmt nicht automatisch mein Morgen. „Aber es bleibt doch alles beim Alten!" Das ist die Falle, die mich lahm legt. Das ist Resignation. „Null Bock", heißt das heute. Und alles ist schon gelaufen.

„Die einzig wirksame Gegenkraft gegen Resignation ist die Vision", sagt Paul M. Zulehner. Ich habe die Vorstellung, dass sich bei mir in diesen 40 Tagen der Fastenzeit noch etwas ändern kann. Das Wort „Change" hat Obama im Wahlkampf ständig wiederholt. Die kommenden Wochen sind die Zeit für „Change".

„Visionen brauchen Fahrpläne", schreibt Ernst Bloch. Dieses Buch ist wie eine Spurensuche, um die Fesseln zu lösen, die uns binden. Wenn die persönlichen Zwänge immer größer werden, dann wird die Sehnsucht nach Befreiung immer stärker.

Zur Freiheit hat Christus uns befreit. Dieser Freiheit können wir uns in dieser Fastenzeit wieder ganz neu bewusst werden. Wir sind eingeladen, die Freiräume zu entdecken, die uns geschenkt sind. Vielleicht haben wir lange nicht wahrgenommen, wo wir Entscheidungsspielräume haben, wo unser Körper, unsere Seele zur Ruhe kommen kann. Vielleicht haben wir lange nicht wahrgenommen, wie unsere Bindung an Gott unser Leben frei machen kann.

Darum gilt: Jetzt ist Fastenzeit. Jetzt, nicht irgendwann. „Kehrt um!" „Bekehret euch!" Diese biblische Herausforderung ist der zentrale Aufruf für Christen am Anfang der Fastenzeit. Wir Christen glauben daran, dass wir unser Leben unter dem Anruf des Evangeliums ändern können. Das ist unsere optimistische Sicht des Lebens, die nur unter den Augen Gottes, die uns barmherzig anschauen, und mit der Zusage Jesu Christi möglich ist: „Nicht Knechte seid ihr. Ihr seid meine Freunde."

Wort durch den Tag

„Man müsste eigentlich ...!" Wie oft habe ich meinen Tag so begonnen?

Man müsste eigentlich einmal aus diesem Betrieb heraus. Man müsste einmal ein anderer werden. „Manchmal", so erklärte mir ein Bekannter, „bin ich wie ein Muli, stumpf trotte ich meinen Weg dahin."

Das ist nicht schlimm, solange einer seinen Trott noch bemerkt und solange aus diesem „Muli-Dasein" keine Regel wird. Hat sich aber jemand darin festgefahren, kostet es enorme Kraft, um dem Trott zu entkommen. Ein neuer Aufbruch wäre nötig.

Vielleicht können Sie sich ein Bild aufstellen, das Ihnen das Thema Freiheit vor Augen stellt. – Ich nehme mir die Freiheit, jetzt einen neuen Anfang zu setzen!

2. Tag · **Donnerstag**

Zur Freiheit befreit

Wort der Schrift
Zur Freiheit hat uns Christus befreit. Bleibt daher fest und lasst euch nicht von Neuem das Joch der Knechtschaft auflegen! (Gal 5,1).

Wort zum Tag
Der Christ ist ein freier Mensch. Das sagt sich so schnell. Aber dieser Satz ist existentiell. Ohne Freiheit verkehrt sich das Christentum in sein Gegenteil. Das ist das wichtigste Anliegen des Apostels Paulus: „Zur Freiheit hat Christus uns befreit." Aber die Freiheit ist immer wieder bedroht. So hat es die Gemeinde der Galater erfahren. Sie fielen in die alten Abhängigkeiten vom jüdischen Gesetz zurück und ließen sich beschneiden. Pointiert formuliert Paulus: „Zur Freiheit hat uns Christus befreit. So steht nun fest und lasst euch nicht wieder das Joch der Knechtschaft auflegen!" (Gal 5,1).
Für Paulus ist die Wahrheit des Evangeliums in Gefahr (Gal 2,4f.). Darum tritt er so energisch auf. Er will die Galater wieder überzeugen, dass seine Verkündigung der Freiheit durch das Evangelium die einzig richtige ist, denn: „Ihr seid zur Freiheit berufen" (Gal 5,13).
Für Paulus steht in Galatien das ganze Evangelium – und nicht nur irgendein Teilaspekt – auf dem Spiel. Genauso war es schon früher bei den Verhandlungen auf dem Apostelkonzil in Jerusalem. Er hatte dem Petrus ins Angesicht widerstanden. Kompromisslos setzt sich Paulus für die Freiheit vom Gesetz ein. Gerade die Forderung der Beschneidung wäre ein Rückfall in die alte Knechtschaft. Allein aufgrund

unseres Glaubens an Jesus, den gekreuzigten und auferstandenen Christus, sind wir gerettet. Nie und nimmer ist eine Rettung aufgrund der Befolgung der Gesetze möglich.

Wer sich also – obwohl er sich von Christus zur Freiheit befreien ließ – erneut auf das Gesetz (und damit auf die Beschneidung) beruft, versklavt sich selbst. Der Galaterbrief des Apostels Paulus hat die Freiheit des Christen zum Thema gemacht.

Das war damals. Aber heute ist das Thema genauso aktuell. Es geht nicht mehr um die Beschneidung. Aber es gibt viele Fallen, in die wir tappen und unsere Freiheit verspielen.

Wort durch den Tag

„Zur Freiheit hat Christus uns befreit." Dieses Wort des Apostels Paulus soll mich durch die Fastenzeit begleiten. Ich möchte schauen, welche Freiräume ich neu entdecken kann: Welche Zwänge und Abhängigkeiten kann ich in dieser Fastenzeit überwinden?

Welche Möglichkeiten des Lebens hält Gott für mich bereit?

3. Tag · Freitag

Leben gewinnen

Wort der Schrift
Ruft Freiheit für alle Bewohner des Landes aus! (Lev 25,10).

Wort zum Tag
Freiheit ist ein großes Wort. Es leuchtet in vielen Farben. Die Freiheit ist die Sehnsucht der Menschen. Sie ist das höchste Gut.
Die Freiheit ist das Grundrecht aller Menschen und gehört zur Würde der Person. Das ist in unserer Verfassung festgehalten, in Artikel 9 des Grundgesetzes heißt es: „Die persönliche Freiheit ... ist unantastbar. Niemand darf ... sonst wie in seiner persönlichen Freiheit eingeschränkt werden."
Das Streben nach Freiheit kennzeichnet die europäische Geschichte. Nach der Französischen Revolution (1789) gibt es kein höheres Gut, als die Freiheit der Menschen zu schützen. Es gab in den Jahrhunderten zahlreiche Revolutionen, um Menschen zu befreien. Am Ende führten viele Freiheitsbewegungen in neue Diktaturen hinein. Als freie Menschen in einem freien Land müssen wir Tag für Tag die Freiheit neu verantworten.
Wer die Freiheit zum Thema macht, muss viele Fragen beantworten: Die Frage nach der politischen Freiheit und der Befreiung der Unterdrückten. Die Fragen nach der Wahlfreiheit und Meinungsfreiheit, die Pressefreiheit und Versammlungsfreiheit, die Gewissensfreiheit und Religionsfreiheit, um nur einige Bereiche zu nennen, in denen die Freiheit immer gefährdet ist.
Dieser spirituelle Fastenbegleiter will nicht das große Thema Freiheit umfassend behandeln, sondern dazu anregen, die

Frage nach meiner persönlichen Freiheit und nach meinen Abhängigkeiten zu überdenken. Ich möchte nach den Wegen suchen, die mir mehr Freiheit schenken und sie in der Fastenzeit ausprobieren. Das bedeutet „mehr Leben gewinnen".

Wort durch den Tag

Wie frei bin ich eigentlich?

> Ich kann frei wählen und mich entscheiden, und doch begrenzen mich Sachzwänge und Kaufzwänge.
> Ich stehe morgens auf als ein freier Mann und doch ist mein Tag festgelegt durch Verpflichtungen und Arbeitsstunden.

Wie frei bin ich eigentlich?

> Ich möchte manchmal in meinem Leben etwas ändern und erfahre doch bald, wie Gewohnheiten mich festlegen und sogar Begierden und Süchte mich abhängig halten.

Wie groß ist der Spielraum unserer Freiheit?

Exodus

Wort der Schrift

Der Herr sprach: Ich habe das Elend meines Volkes in Ägypten gesehen und ihre laute Klage über ihre Antreiber habe ich gehört. Ich kenne ihr Leid. Ich bin herabgestiegen, um sie der Hand der Ägypter zu entreißen und aus jenem Land hinaufzuführen in ein schönes, weites Land, in ein Land, in dem Milch und Honig fließen (nach Ex 3,7-8).

Wort zum Tag

Gott ist ein Gott, der uns befreit. Heilsgeschichte ist eine Befreiungsgeschichte. Der Herr führt sein Volk mit erhobener Hand aus dem Sklavenhaus der Ägypter. Exodus, der Auszug aus der Knechtschaft, ist die große Tat Gottes an seinem Volk.

Der Herr hat das Elend des Volkes gesehen. Er hat seine Klagen gehört. Er steigt herab und führt sein Volk durch die Wüste ins Gelobte Land (Ex 3,7-8). 40 Jahre dauert die Wanderschaft. Die 40 Tage der Fastenzeit erinnern an den langen Weg dieser Befreiungsgeschichte. Wer den Pfad der Befreiung betritt, muss Schritt für Schritt einen langen Weg der Einübung in das Freisein gehen.

Für die Theologie der Befreiung ist der Auszug aus Ägypten eine Schlüsselstelle des göttlichen Willens und Wirkens. Immerwährender Exodus ist das Ideal des freien Menschen. Nur in Freiheit kann Gottes Liebe erfahren und wirksam werden. Das Wesentliche des Glaubens hat Jesus auf den Wegen durch Palästina jenen gesagt, die bereit waren, mit ihm zu gehen. Das Unterwegssein schafft jene Freiheit, die der

Glaube braucht. In dem Augenblick, wo er sesshaft geworden ist, womöglich auf einem heiligen Stuhl, wird aus dem Leben eine Lehre, wird aus der Bewegung ein Gesetz, wird aus der Herberge für eine Nacht eine aufwändige Verwaltung.

Heilsgeschichte ist eine Liebesgeschichte Gottes mit uns Menschen. Er hat ein leidenschaftliches Interesse an uns. Er schließt seinen Bund mit seinem Volk. Und in einer langen Befreiungsgeschichte soll Israel lernen, allein auf Gott zu vertrauen. „Ich bin der Herr, dein Gott, du sollst keine fremden Götter neben mir haben" (nach Ex 20,2f.). Der Herrschaftswechsel von den Götzen zum einzigen Herrn und Gott ist auch heute angesagt. „Lasst euch nicht wieder in Knechtschaft legen!" Die 40 Tage der Fastenzeit haben für mich diesen Sinn: Exodus – den neuen Aufbruch wagen und die „Fleischtöpfe Ägyptens" verlassen, um frei zu werden für den Weg, der aus der Knechtschaft in die Freiheit führt.

Wort durch den Tag

Aufbrechen ist die Voraussetzung, Gott zu begegnen, denn Gott begegnet uns nur im Aufbruch, im Exodus. Sesshaftwerden ist oft der Beginn einer Glaubenskrise. Der Sesshafte richtet sich ein hinter dem „Ofen seiner Bequemlichkeit". Wenn das Volk Israel am Nilstrom sesshaft geworden wäre, dann wäre es ein Sklavenvolk geblieben.

Bin ich am Anfang der Fastenzeit bereit, mich selbst in Frage zu stellen und mich auf Veränderungen einzulassen? Wie beweglich bin ich noch? Verteidige ich nur meine „Besitzstände"? Franz von Assisi sagte am Ende seines Lebens zu seinen Brüdern: „Nun lasst uns endlich anfangen!"

Sehnsucht nach Freiheit

5. Tag · Montag

Das Netz ist zerrissen

Wort der Schrift

Unsere Seele ist wie ein Vogel dem Netz des Jägers entkommen; das Netz ist zerrissen, und wir sind frei (Psalm 124,7).

Wort zum Tag

„Über den Wolken muss die Freiheit wohl grenzenlos sein …", so dichtete Reinhard Mey vor Jahren in einem bekannten Lied. Freiheit ist die Ursehnsucht vieler Menschen. Sie drückt sich in Bildern und Träumen aus. Das Fliegen über allen Wolken, wo die Sorgen und Probleme von Weitem ganz klein aussehen, ist ein Bild unserer Sehnsucht. „Ein Vogel ist dem Netz des Jägers entkommen. Das Netz ist zerrissen und wir sind frei" (nach Ps 124,7). Bis in unsere Träume verfolgen uns die Stricke, die uns fesseln, die Netze, in denen wir uns verfangen haben. Wie ein Vogel möchte ich sein, der dem Käfig entrinnt, seine Flügel ausbreitet und sich über den Wolken in die grenzenlose Freiheit erhebt.

Christian Morgenstern beschreibt die Sehnsucht nach Freiheit mit einem Beispiel:

„Ich bin wie eine Brieftaube, die man vom Urquell der Dinge in ein fernes Land getragen und dort freigelassen hat. Sie trachtet ihr ganzes Leben nach der einstigen Heimat, ruhelos durchmisst sie das Land nach allen Seiten. Und oft fällt sie zu Boden in ihrer großen Müdigkeit, und man kommt, hebt sie auf und pflegt sie und will sie ans Haus gewöhnen. Aber sobald sie die Flügel nur wieder fühlt, fliegt sie von Neuem fort, auf die einzige Fahrt, die ihrer Sehnsucht genügt, die unvermeidliche Suche nach dem Ort ihres Ursprungs."[1]

Der Traum vom Freisein mitten in der Mühsal des Alltags?
„Was ist Freiheit für dich?", fragte ich:

- Auszeit ist Freiheit: einfach mal was anderes tun, den Alltag durchbrechen, frei von den alltäglichen Pflichten und Anforderungen.
- Genesung ist Freiheit: nach Krankheit und Schmerzen wieder Licht sehen, dem Leben vertrauen, die Tage atmen.
- Schlaf ist Freiheit: wenn man Gott übergeben kann, was ängstigt, bedrängt und bedrückt.
- Freiheit ist wohl auch JA und NEIN sagen können und dürfen, um sich selbst zu schützen und nicht zu überfordern.
- Tod ist Freiheit: Erlösung von Krankheit und Schmerzen, auch von Seelenschmerz – Heimkehr ein für allemal.

Wort durch den Tag
Kennen Sie die Sehnsucht nach Freiheit? Formulieren Sie für sich, wovon Sie frei sein oder befreit sein möchten!

Enge und Weite

Wort der Schrift

Du schaffst meinen Schritten weiten Raum, meine Knöchel wanken nicht (2 Sam 22,37 und Ps 18,37).

Wort zum Tag

Im Sommer war ich für ein paar Tage in die Schweizer Alpen eingeladen. Das gastliche Haus lag in einem engen Tal. Ich spürte nach einigen Tagen den Unterschied zwischen diesem engen Tal und der Weite, die zum Beispiel das Münsterland prägt.

Erfahrungen der Enge oder der Weite hat jeder schon gemacht. Das Versagen eines Fahrstuhls verursacht Panik. Enge kann in vielen Situationen als Bedrohung empfunden werden. Die Enge engt ein, sagen wir. Zwei Menschen, die sich lieben, rücken sehr gern eng aneinander. Sie suchen die Nähe des anderen. Die Nähe eines Menschen kann froh, aber auch traurig machen. Ohne Zeiten der Distanz und Freiheit kann die Enge zum Gefängnis werden.

Die Erfahrungen der Enge sind vielfältig. Wir planen Termine so eng, dass wir durch die Tage hetzen. Der Verdienst ist so begrenzt, dass es am Monatsende eng wird. Für das neue Haus muss man so viel abbezahlen, dass eine Urlaubsreise nicht mehr drin ist.

Die Weite wird ganz anders erlebt. Schon mancher stand am Strand und hat das weite Meer als befreiend erfahren. Wenn ich mit dem Fahrrad die Stadt verlasse und auf den schönen Radwegen durch weites, flaches Land fahre, atme ich Freiheit. So weit die Wolken ziehen, reicht der Horizont. Der Wanderer oder Pilger bricht auf, verlässt die Enge seines Milieus, sucht das Weite. Der Weg wandelt ihn allmählich. Pilger berichten von der Verwandlungskraft der Wege.

„Tief in uns wohnt die Sehnsucht nach Freiheit und Weite. Unruhig ist unser Herz, bis es ruht in Gott," heißt das viel zitierte Wort des heiligen Augustinus.

Auch im Glaubensleben haben wir es mit Enge und Weite zu tun. Wir sind für die Freiheit befreit. Unser Gott ist ein Gott der Befreiung. Er will, dass wir frei bleiben und uns nicht das Joch der Knechtschaft auflegen lassen (siehe Gal 5,1). Manchmal bin ich überrascht, wie unerlöst, ja angstbesetzt Christen sind. Kleinlich halten sie sich an Vorschriften. Die Gebote und Regeln sind für sie wie ein Korsett, das ihnen die Luft abschnürt. Ich möchte verstehen, was mir der Psalm 18 sagen will: „Er führte mich hinaus ins Weite, er befreite mich, denn er hatte an mir Gefallen … Du schaffst meinen Schritten weiten Raum, meine Knöchel wanken nicht" (Ps 18,20.37).

Wort durch den Tag

Wenn der Abend kommt, ist das Ausatmen für mich eine Übung der Befreiung:

> Ich atme aus und lasse los, was mich an diesem Tag bedrängt hat.
> Ich atme tief aus und lasse los die Worte, die mich verletzt haben.
> Ich atme aus und lasse los, was mich geärgert und erzürnt hat.
> Ich atme aus und schicke mit meinem Atmen segnende Gedanken zu dem, den ich durch meine Bemerkung gekränkt habe.
> Ich atme aus und wünsche mir, dass Frieden sei zwischen dir und mir.

7. Tag · Mittwoch

Der Traum vom Paradies

Wort der Schrift

Ich sah mir das Geschäft an, für das jeder Mensch durch Gottes Auftrag sich abmüht. Gott hat das alles zu seiner Zeit auf vollkommene Weise getan. Überdies hat er die Ewigkeit in alles hineingelegt (Koh 3,10f.).

Wort zum Tag

Wer will noch daheim im grauen Alltag bleiben, wenn die Sonne des Südens lockt? „Adam und Eva wurden aus dem Paradies vertrieben. Wir fliegen Sie jeden Tag hin." So wird es uns in der Werbung versprochen. Die Preise der Billigflüge machen vielen Menschen eine Reise in ferne Länder möglich. Unzählige Urlaubskataloge wecken die Sehnsüchte. Warum reisen die Leute so gern?

Für zwei bis drei Wochen die Flucht aus der harten Wirklichkeit. Wir brauchen nicht mehr zu warten, die Erfüllung unserer Sehnsucht bietet sich täglich. Der Konsumgott führt seine Kinder ins Paradies. Jeder kann seine Freiheit ohne schlechtes Gewissen genießen: all inclusive! Schließlich hat man es sich verdient. Man hat ja hart gearbeitet. Die Werbung verspricht das Blaue vom Himmel und in den Bildern vom Paradies werden Ur-Sehnsüchte geweckt.

Warum schauen wir gern in Urlaubskataloge? Warum möchten wir einmal heraus aus dem alltäglichen Trott? Warum möchten wir frei sein von den Zwängen der Arbeitswelt?

Nur wer aufbricht, spürt etwas vom Wunder des Weges. Das Gehen befreit. „Wenn es nicht mehr geht, dann geh!" Dies Wort ist durch gute Erfahrungen belegt. Ein Spaziergang

kann Probleme lösen. Weg und Wandlung haben in der deutschen Sprache den gleichen Wortstamm. Der Sesshafte verkümmert. Der Wanderer wird frei für neue Erfahrungen.
Ist die Sehnsucht nach Freiheit ganz tief in unser Herz geschrieben? Ist der Urlaub nur eine Durchgangsstation für eine größere Weite, für die der Mensch erschaffen ist?

Wort durch den Tag
Wir sind zur Freiheit berufen. Nicht Ketten, sondern Flügel sind für den Menschen bestimmt.
Wer eine Urlaubsreise beginnt, spürt seine Flügel. Wir dürfen uns „nicht ans Haus gewöhnen" und bequem und bürgerlich werden. Nesthocker verkümmern und verpassen den Anschluss. Deshalb lockt uns das Fernweh, die Sehnsucht nach Weite.
Ich muss nur Abschied nehmen. Dann wächst der Weg unter meinen Füßen wie durch ein Wunder.

8. Tag · Donnerstag

Wenn die Ketten schmerzen

Wort der Schrift
Mit dir erstürme ich Wälle, mit meinem Gott überspringe ich Mauern. Du schaffst meinen Schritten weiten Raum, meine Knöchel wanken nicht (Ps 18,30.37).

Wort zum Tag
Wenn die Ketten schmerzen, wird die Sehnsucht nach Befreiung unendlich groß. Wenn Kerker uns einsperren, durchbricht die Sehnsucht die vergitterten Fenster. Wenn sich zum Beispiel der Staat Israel durch hohe Betonmauern schützen möchte, wird die selbst erstellte Mauer zum Denkmal werden für den Tod der Freiheit.
Die Geschichte hat gelehrt, dass solche Mauern nie das gehalten haben, was sich die Machthaber versprochen hatten: Die Römer bauten den Limes. Die Chinesen erstellten das Wunderwerk der langen Mauer als Bollwerk gegen wilde Wüstenvölker. Die Amerikaner vertrauen einem gigantischen Grenzzaun an der mexikanischen Grenze. Selbst das Mittelmeer bietet kein Schutz gegen illegale Einwanderer.
Auch Israel wird sich nicht auf Dauer hinter einer acht Meter hohen Betonmauer vor dem Lauf der Zeit verstecken können.
Die Mauer muss fallen! Vor genau zwei Jahrzehnten ist der „Eiserne Vorhang" gefallen. Was für viele Menschen nicht einmal mehr als Denkmöglichkeit existierte, wurde plötzlich Realität. Alles ging damals sehr schnell: Grenzen fielen und Freiheit war für viele Menschen in ganz neuen Dimensionen erlebbar. Die scheußlichste aller Mauern wurde niedergerissen und eingeebnet.

1378 Kilometer Mauer, Stacheldraht und Todesstreifen haben den Machthabern der DDR den letzten Todesstoß verpasst. Die Berliner Mauer ist in die Geschichte eingegangen als Symbol des Kalten Krieges und der Teilung Deutschlands. Gebaut wurde die Berliner Mauer von den Machthabern der DDR Anfang der 60er-Jahre, um den Flüchtlingsstrom vom Osten in den Westen zu stoppen. 231 Tote an der Berliner Mauer. Die Liste der Mauertoten beginnt mit Ida Siekmann, die am 22. August 1961 ums Leben kam: Sie sprang aus der dritten Etage ihrer Wohnung in der Bernauer Straße auf den zum Westen gehörenden Bürgersteig und stürzte sich dabei zu Tode. Die Liste endet mit Winfried Freudenberg, der mit einem Gasballon aus der DDR floh und verunglückte. Wie unendlich groß muss die Sehnsucht nach Freiheit gewesen sein, dass so viele die Gefahren gering achteten, Gefängnisstrafen in Kauf nahmen, den Tod nicht fürchteten?

Am 9. November 1989 ist das meistgehasste Bauwerk Deutschlands gefallen. Das Streben nach Freiheit kann man nicht einsperren.

21 Jahre nach dem Mauerfall wissen wir, dass Mauern nicht nur aus Steinen und Beton gebaut werden. Mauern entstehen auch in unseren Köpfen. Das Sprechen von „Ossis" und „Wessis" zeigt sehr deutlich die Verallgemeinerungen und Vorurteile, die sich etablieren. Der Mauerbau, das Ausgrenzen oder auch das Sicheinschließen und Abschotten wird uns in Zukunft immer mehr beschäftigen. Wir können uns nicht entziehen. Wir bauen alle mit.

„Ach der", denke ich bei einer Begegnung und schon bin ich festgelegt und voreingenommen. „Du bist noch viel zu jung!" „Du bist ja schon verkalkt!" „Du hast mir nichts mehr zu sagen!" – Stein auf Stein wächst diese Mauer.

Ich weiß, mein christlicher Glaube legt den Finger in diese Wunde. Es geht um eine geschwisterliche Welt. Gott, unser

Vater, versteht die Menschheit als große Familie. Dann sind auch die Ausgegrenzten unsere Brüder und Schwestern. Die Vorurteile aber isolieren uns und rauben die Räume der Entfaltung und Freiheit.

Wort durch den Tag
Die Mauern müssen fallen! Welche Vorurteile bestimmen mein Denken und Fühlen? Wie begegne ich den Allernächsten, wie den Fremden? Spielt dabei meine christliche Überzeugung eine Rolle?

28

Pilger sind wir

Wort der Schrift

Herr, du hast mich erforscht und du kennst mich. Ob ich sitze oder stehe, du weißt von mir. Von fern erkennst du meine Gedanken. Ob ich gehe oder ruhe, es ist dir bekannt; du bist vertraut mit all meinen Wegen (Ps 139,1-3).

Wort zum Tag

Wir machen uns kleiner, als wir sind. Wir geben uns zufrieden mit der Minimallösung. In seiner Kurzgeschichte „Der Zigeuner" beschreibt Anthony de Mello, wie unsere Sehnsucht schrumpft: In einer kleinen Grenzstadt lebte ein alter Mann schon fünfzig Jahre in dem gleichen Haus. Eines Tages zog er zum Erstaunen seiner Umgebung in das Nachbarhaus um. Reporter der Lokalzeitung sprachen bei ihm vor, um nach dem Grund zu fragen: „Ich glaube, das ist der Zigeuner in mir", sagte er mit zufriedenem Lächeln.

Was ist noch von der großen Sehnsucht im „Zigeuner" übrig geblieben: ein Umzug ins Nachbarhaus?

Der Ruf in die Freiheit ist viel größer. Wir sind keine „Nesthocker". Wir sind Pilger, „Homo viator", Menschen des Weges. Der Weg wird Weg im Gehen und im Lassen. Schritt für Schritt gehen, trotz Dunkelheit und Zweifel. Man muss aufbrechen und die Unsicherheit des Weges wagen. „Der Weg wächst im Gehen unter deinen Füßen wie durch ein Wunder" (Reinhold Schneider). Wer aufbricht und geht, lässt zurück und hat ein Ziel vor Augen. Der Weg ist nicht das Ziel. Der Weg hat ein Ziel: frei werden für die neue Begegnung.

Was ich meine, möchte ich am Zug der Wildgänse erklären. Im Frühjahr schaue ich ihnen gern zu, wenn sie aus dem Süden in ihre Heimat zurückfliegen. Woher wissen sie ihr Ziel? Sie sind wochenlang unterwegs und verirren sich doch nicht. In ihrer innersten Seele wissen sie, wo sie zu Hause sind. Es ist, als ob ein Kompass in ihrem Blut steckt, der ihnen mit traumhafter Sicherheit den Weg zeigt. Sie brechen immer wieder auf, um den Ort ihres Ursprungs neu zu suchen.

Die Zugvögel sagen mir, dass der Ruf Gottes ganz tief in uns lebt. Die Unruhe der Seele lässt uns aufbrechen, die Sehnsucht treibt uns weiter und im Herzen zieht es uns zu Ihm, so wie es die Zugvögel in die Heimat zieht. Die Sehnsucht ist die charmante Art Gottes, um sich bei uns in Erinnerung zu halten.

Wort durch den Tag

Der heilige Augustinus gibt schon im vierten Jahrhundert die Begründung für das Streben des Menschen nach Weite und Freiheit:

„Das unruhige Herz ist die Wurzel. Im Menschen lebt eine Sehnsucht, die ihn hinaustreibt aus dem Einerlei des Alltags und aus der Enge seiner gewohnten Umgebung. Immer lockt ihn das andere, das Fremde. Doch alles Neue, das er unterwegs sieht und erlebt, kann ihn niemals ganz erfüllen. Seine Sehnsucht ist größer. Im Grunde seines Herzens sucht er ruhelos die ewige Heimat. Alle Wege, zu denen der Mensch aufbricht, zeigen ihm an, dass sein ganzes Leben ein Pilgerweg zu Gott ist."

Wer geht, wird ärmer und frei

Wort der Schrift

Jeder, der um meines Namens willen Häuser oder Brüder, Schwestern, Vater, Mutter, Kinder oder Äcker verlassen hat, wird dafür das Hundertfache erhalten und das ewige Leben gewinnen (Mt 19,29).

Wort zum Tag

„Wer geht, wird ärmer." Die Bedeutung dieses kurzen Satzes ist für jeden Pilger einsichtig. Das Reisegepäck sollte leicht sein. Wer zu viel in seinen Rucksack packt, wird es bald büßen. Ein Pilger nach Santiago de Compostela erzählte mir, dass er unterwegs sogar seine Zahnbürste durchgebrochen habe, um seine Last zu erleichtern.

Der Pilger ist gezwungen, loszulassen und Ballast abzuwerfen, um beweglich zu bleiben. Wenn der Pilger das kann, erfährt er, wie wenig es braucht, um zu leben. Er erlebt eine neue Freiheit und Freude.

Auch unterwegs an jeder Wegkreuzung werden wir ärmer. Mit jeder Entscheidung büßen wir Möglichkeiten ein. Die Erzählung vom Wunderknaben braucht keine Interpretation: Ein junger Mann, der sehr wissbegierig war, hatte jahrelang studiert und ein großes Wissen angehäuft. Eines Tages brach er auf und machte sich auf den Weg. Er wollte das Leben nicht nur aus Büchern kennen. Bald kam er an eine Wegkreuzung und musste zwischen drei Straßen wählen. Er ging geradeaus und musste links und rechts einen Weg zurücklassen. So ging es ihm bei der nächsten Wegkreuzung, so ging es ihm ein Leben lang. Bei jeder Entscheidung, die er traf, wurde er ärmer. Er setzte sich auf einen Meilenstein und sprach: „Ich habe immer nur verloren an Wissen, an Möglichkeiten, an Chancen. Mit jedem Weg, den ich wählte, wurde meine Welt enger und kleiner." Müde ging er seinen Weg zu Ende. Als er sich umschaute, entdeckte er, dass er auf einem Berg stand. Im Kleiner- und Ärmer-Werden war er ein Leben lang aufwärts gegangen.[2]

Ob wir wollen oder nicht: Wir werden ärmer. Mit jedem Schritt, den wir tun, schrumpfen unsere Möglichkeiten. Für junge Menschen steht die Welt offen. Viele Berufe könnten sie ergreifen. Für einen müssen sie sich entscheiden. Jeder hat viele Urlaubsangebote, aber unsere Zeit ist begrenzt. Es gibt Lebensphasen, da werden wir nicht gefragt, was wir abgeben möchten. Eine Krankheit oder das Altwerden lehren uns das Loslassen. Es ist nicht schlimm, wenn man den innerlichen Protest gegen diese Begrenzung erfährt. Der Protest aber hilft uns nicht weiter. Einige lernen und erkennen, dass wir immer freier werden, je ärmer wir werden.

Wort durch den Tag

Es gibt Lebensphasen, da üben wir das Loslassen und wachsen in eine neue Freiheit hinein. Wer alt wird, spürt seine Grenzen. Manchmal leidet er an den körperlichen und auch geistigen Einschränkungen. Wer aber die Kraft hat, das Fragmentarische anzunehmen, wird eine größere Leichtigkeit und Freiheit erleben.

Wege der Befreiung

11. Tag · Montag

Verzichten befreit

Wort der Schrift

Es ist gut, zu beten und zu fasten, barmherzig und gerecht zu sein. Lieber wenig, aber gerecht, als viel und ungerecht. Besser, barmherzig sein als Gold aufhäufen (Tob 12,8).

Wort zum Tag

„Sieben Wochen ohne" ist eine Aktion der evangelischen Kirche. Sie fand in den vergangenen Jahren großen Anklang. „Sieben Wochen ohne", das könnte so aussehen: Ohne volle Kleiderschränke, volle Kühlschränke, volle Bücherschränke, volle Mülleimer, volle Pulle aufs Gaspedal, vollen Terminkalender – aber: keine Zeit, keine Ruhe, keine Stille, keine Zufriedenheit, keine Erfüllung, keine Begegnung, kein Gebet, kein …

In der Fastenzeit haben wir die Möglichkeit, kleine Schritte zu tun, um einen neuen Lebensstil einzuüben:

Bewegungsfasten: So weit möglich, nicht ständig unterwegs sein; das Fahrrad benutzen oder zu Fuß gehen; mit dem Auto nicht schneller als 100 km/h fahren; zu Hause sein; bei sich sein.

Geräuschfasten: Das Radio läuft nicht ständig oder bleibt ganz aus.

Kleiderfasten: Keine neue Kleidung kaufen, die nicht notwendig ist.

Bilderfasten: Nur ausgewählte Fernsehsendungen anschauen. An einem Abend in der Woche bleibt der Fernseher ganz aus. Verzicht auf Illustrierte.

Redefasten: Nicht über andere herziehen, nicht tratschen; über Wesentliches sprechen.

Essenfasten: Einfach essen, kein Fleisch, keine Süßigkeiten, an einem Tag in der Woche fasten, in Ruhe und Gelassenheit essen.

Trinkfasten: Keinen Alkohol trinken.

Rauchfasten: Auf Nikotin verzichten.

und anderes mehr …

Wort durch den Tag

Ein Heißluftballon gewinnt Höhe, wenn man Ballast abwirft. Von einem überladenen Schiff muss man bei stürmischem Seegang Fracht über Bord werfen. Leben wir leichter und freier, wenn auch wir Ballast über Bord werfen?

- Seien Sie mutig und beschließen Sie, in der Fastenzeit Ballast abzuwerfen!
- Legen Sie fest, was Sie tun wollen und worauf Sie verzichten möchten!
- Probieren Sie aus, wie es Ihnen mit Ihrem Vorsatz geht!
- Bei Widerständen halten Sie durch – und bei ersten Niederlagen fangen Sie wieder neu an!

12. Tag · Dienstag

Fasten befreit

Wort der Schrift

Wenn ihr fastet, macht kein finsteres Gesicht wie die Heuchler. Sie geben sich ein trübseliges Aussehen, damit die Leute merken, dass sie fasten. Amen, das sage ich euch: Sie haben ihren Lohn bereits erhalten. Du aber salbe dein Haar, wenn du fastest, und wasche dein Gesicht, damit die Leute nicht merken, dass du fastest, sondern nur dein Vater, der auch das Verborgene sieht; und dein Vater ... wird es dir vergelten (Mt 6,16-18).

Wort zum Tag

„Tue deinem Leib Gutes, damit deine Seele Lust hat, darin zu wohnen", schrieb die heilige Teresa von Avila. Dieses Wort zitiere ich gern in Fastenexerzitien, die ich seit 25 Jahren begleite. Wenn eine Gruppe das Fasten beginnt, muss sie zuerst einmal die Vorstellung „verdauen", eine Woche lang nichts zu essen.

Aber Fasten hat nichts mit Hunger zu tun. Gezwungen Hunger zu leiden, ist entsetzlich. Fasten ist freiwilliger Nahrungsentzug. Dabei kann man erstaunlich lange auf Nahrungsaufnahme verzichten, ohne Schaden zu leiden. Der Körper hat seine Depots, auf die er zurückgreift. Dadurch wird er entschlackt. Giftiges wird ausgeschwemmt. In diesen „Essferien" nimmt der Körper die notwendigen Korrekturen vor. Richtiges Fasten wirkt heilend.

In unserer Zeit ist das Fasten wiederentdeckt worden. Fast jede Zeitschrift berichtet über Heilfasten und Diätkuren. Von Ärzten empfohlen, von anderen abgelehnt, hat jeder vierte

Bürger unseres Landes das Fasten ausprobiert. In einer über-sättigten Konsumgesellschaft versucht man, nicht nur mit dem Übergewicht, sondern auch mit dem Überdruss fertig zu werden. Die festgefahrenen Gewohnheiten können sich ändern.

All dies ist eine Frucht des Fastens. Wichtiger ist, dass Fasten ein Weg nach Innen ist, in die seelisch-geistige Mitte unserer Person. Es ist ein Wandlungsprozess, der uns die Abhängigkeiten nimmt und die innere Freiheit schenkt.

Die Geschichte des Menschen ist eine Geschichte missbrauchter Freiheit. Vom Missbrauch der Freiheit kommt alle Disharmonie zwischen Leib und Seele. Fasten ist eine Art „Katalysator", durch den erstaunliche Wandlungsprozesse ausgelöst werden. Der Kampf gegen die Esssucht setzt sich im Kampf gegen die Ichsucht fort.

Wort durch den Tag

Der Mensch lebt nicht vom Brot allein, er stirbt am Brot allein (Dorothee Sölle).

13. Tag · Mittwoch

Aufräumen befreit

Wort der Schrift
Blinde Augen zu öffnen, Gefangene aus dem Kerker zu holen und alle, die im Dunkel sitzen, aus ihrer Haft zu befreien (Jes 42,7).

Wort zum Tag
Ganz erschöpft saßen sie im Treppenhaus. Gerade hatten sie den Sperrmüll an den Straßenrand gestellt. „Das ist schwere Arbeit gewesen", sagte die eine Frau und die andere ergänzte: „Aber man fühlt sich nun so frei, so ganz befreit!" Die Anstrengung hatte sich gelohnt.

Ähnlich empfand es ein befreundetes Ehepaar. Das jüngste Kind war ausgezogen und nun blieben die Eltern in der Wohnung zurück. Für sie begann ein neuer Lebensabschnitt. In der Wohnung wurde umgeräumt, und weil eine neue Zeit anfing, wurde auch vieles aussortiert. Die Mutter schrieb: „Wir sind mitten im Aussortieren. Überall gibt es so vieles, von dem man sich trennen kann. Jeden Tag tragen wir Dinge zu den verschiedenen Verwertungsstellen. Unsere Bestände lichten sich. Der nun leerer gewordene Raum schenkt Freiheit für Neues." Ich spürte sehr deutlich den inneren Neuaufbruch, der aus diesen Zeilen sprach.

Und weiter schrieb sie: „Das Aussortieren ist eine intensive Arbeit, Biografiearbeit: Was hat mich einmal so beschäftigt, dass ich es mir aufgehoben habe? Für welche Epochen steht die Kleidung im Kleiderschrank, an was erinnern mich Gegenstände, Bücher, Broschüren unterschiedlichster Art? Auf was kann ich verzichten, was möchte ich mir erhalten?

Wovon will ich mich befreien? Wovon werde ich mich erst bei der nächsten Aufräumaktion trennen?"
Auch ich habe erfahren, wie wohltuend es ist, sich rechtzeitig von Dingen zu trennen. Als ich einmal das Zimmer eines Verstorbenen ausräumen musste, habe ich mir geschworen, immer wieder frühzeitig aufzuräumen und auszuräumen.

Wort durch den Tag
Gönnen Sie sich freien Platz in Ihrer Wohnung: Machen Sie sich auf eine Reise durch Ihre Regale und Schränke und verabschieden Sie in Frieden die Dinge, die Sie nun nicht mehr brauchen! Sie werden erstaunt sein, was Sie dabei entdecken und wie viel Freiraum sie gewinnen!
Es gibt viele äußere und auch innere Rumpelkammern. Ein „Entsorgungsprogramm" ist auch für unser Innenleben längst überfällig. Manchmal ist ein „Hausputz" auch für unsere Seele hilfreich!

14. Tag · Donnerstag

Abschied befreit

Wort der Schrift

Der Herr sprach zu Abraham: Zieh weg aus deinem Land,
von deiner Verwandtschaft und aus deinem Vaterhaus in das
Land, das ich dir zeigen werde (Gen 12,1).

Wort zum Tag

Jede Reise beginnt mit dem Abschied. Der Abschied ist die Tür
zu neuem Leben. „Geh!", heißt das Wort, das Gott zu Abraham
sprach. „Geh!", das ist die Lebensmelodie des Glaubenden.
Auszug aus dem Gewohnten, Abschied vom festen Standort,
sich immer wieder auf den Weg machen. Wir leben „abschied-
lich". Jeder Abend ist ein Abschied. Jede Reise beginnt mit dem
Schmerz des Abschiedes. Jede Trennung und jede Scheidung
ist ein Tod. Die vielen Abschiede sorgen dafür, dass unser
Leben nicht zu häuslich, zu bürgerlich wird. Die Sehnsucht
nach Freiheit darf in uns nicht sterben.
Die Gewöhnung kann schnell zum Gefängnis werden. Auf
alles Neue reagieren wir mit Angst und innerer Abwehr. Wir
sind vertraut mit dem alltäglichen Trott. Aber die Gewöhnung
macht uns bald zu Gefangenen. Anthony de Mello erzählt
gerne Geschichten, die uns über unsere eigene Realität aufklä-
ren. Wir sind im Käfig der Gewohnheiten eingesperrt, sagte er
einmal, wie jener Bär, der in seinem sechs Meter langen Käfig
hin- und hergeht. Als die Gitterstäbe nach mehreren Jahren
entfernt werden, geht der Bär weiter diese sechs Meter hin und
her, her und hin. So als ob der Käfig noch da wäre. Seine
Sehnsucht nach Freiheit war durch die lange Gefangenschaft
abgestorben.[3]

Unsere Lebenszeit ist die Probe darauf, den Abschied einzuüben. Viele Abschiede, viele kleine Tode müssen wir erleben
und erleiden, bis wir reif sind, den letzten Abschied mit
Würde zu bestehen. „Loslassen" ist der wichtigste Begriff der
Spiritualität. Der Abschied ist meist schmerzlich, aber er
befreit uns. Von Abschied zu Abschied, bis der letzte uns
gelingt.
Ob der Abschied eine Therapie ist, um zu gesunden? Her-
man Hesse spricht davon in seinem Gedicht „Stufen". Seine
Verse fordern zum Abschied heraus: „… Es muss das Herz
bei jedem Lebensrufe bereit zum Abschied sein und Neu-
beginne … Und jedem Anfang wohnt ein Zauber inne, der
uns beschützt und der uns hilft zu leben. Nur wer bereit zu
Aufbruch ist und Reise, mag lähmender Gewöhnung sich
entraffen … Wohlan denn, Herz, nimm Abschied und ge-
sunde!"[4]

Wort durch den Tag

Erinnere ich mich an Abschiede in meinem Leben? Folgte
damals nur Schmerz und Trauer? Gab es Abschiede in meinem Leben, die mir Freiheit schenkten und Raum zum
Atmen? Stehe ich in einer Lebensphase, wo das Alter oder
eine Krankheit jeden Tag von mir Verzichte verlangt? – Wie
gehe ich damit um?

15. Tag · Freitag

Unterbrechung befreit

Wort der Schrift

Da sagte er zu ihnen: Kommt mit an einen einsamen Ort, wo wir allein sind, und ruht ein wenig aus! Denn sie fanden nicht einmal Zeit zum Essen, so zahlreich waren die Leute, die kamen und gingen (Mk 6,31).

Wort zum Tag

„Eigentlich bin ich ganz anders, nur komme ich so selten dazu." Dieses Wort von Ödön von Horváth[5] beschreibt das Lebensgefühl von vielen Menschen. Wir hetzen durch die Tage und kommen nicht zu dem, was uns eigentlich wichtig ist. Wir beschleunigen unsere Schritte und hasten über die Straßen. Es gibt sogar eine Studie, die untersucht hat, in welcher deutschen Stadt die Passanten am schnellsten über die Bürgersteige gehen: Hannover stand an der Spitze. Wir beschleunigen sogar unser Redetempo. Doch was wirklich wichtig für uns persönlich ist, klammern wir aus.

Das „Lob der Langsamkeit" möchte ich neu entdecken. In der Unterbrechung liegt die Geburtsstunde der Freiheit. Wir können nur leben mit Unterbrechungen.

Jeder Atemzug kennt die Unterbrechung. Ich atme ein, ich atme aus. Vom Herzschlag bis zum Wechsel von Tag und Nacht, von Arbeit und Ruhe – die Unterbrechung ist ein Geschenk für alle, die leben wollen. Der Unterschied zwischen Musik und Lärm ist die Pause. „Die Unterbrechung ist die kürzeste Definition für Religion", lese ich beim Münsteraner Theologen Johannes Baptist Metz. Wo ich meinen rasanten Lauf unterbreche, kommt Tieferes in den Sinn.

Auch Jesus hat mit seinen Jüngern Pausen eingelegt. Als seine Jünger von ermüdenden Predigtreisen zurückkommen und er selbst viele Stunden am Ufer des Sees von den Nöten der Menschen bedrängt wird, da sagt er zu seinen Jüngern: „Kommt mit an einen einsamen Ort, wo wir allein sind, und ruht ein wenig aus!" (Mk 6,31).

Wort durch den Tag
Wenn es sehr eilt, setze ich mich ganz bewusst einen Augenblick hin. Danach geht es besser. Manchmal ist mir eine „Atempause" hilfreich.
Wenn ich außer Atem gerate, dann setze ich mich einen Augenblick hin und atme tief durch.
Wenn ich pausenlos beschäftigt bin, schiebe ich eine kleine „Auszeit" ein:

Ich atme ein, ich atme aus,
– Atempause –
diese kleine Unterbrechung bringt mich wieder ins Gleichgewicht.
Darauf kommt es an:
Den rasanten Lauf zu unterbrechen
– Atempause –
den gehässigen Redefluss zu unterbrechen
– Atempause –
den zornigen Gewaltausbruch zu unterbrechen …

In der Unterbrechung liegt die Möglichkeit eines neuen Lebensstils!

16. Tag · Samstag

Freizeit befreit

Das Wort der Schrift

Alles hat seine Stunde. Für jedes Geschehen unter dem Himmel gibt es eine bestimmte Zeit (Koh 3,1).

Wort zum Tag

„Zeit" ist das am häufigsten verwendete Substantiv der deutschen Umgangssprache. Was so in den Mittelpunkt unseres Lebens gerückt ist, scheint uns immer mehr zu beherrschen. Manche werden vor Stress sogar krank.

„Keine Zeit!" Diese zwei Worte bestimmen unsere Tage. Wer hat denn schon Zeit? Wir unterwerfen uns dem Diktat der Uhr. Wir sind Sklaven unseres Kalenders geworden. Wir sind in Zeitnot geraten wie in ein Netz.

Wir versuchen Zeit zu sparen und gewinnen doch keine Minute hinzu. „Zeitersparnis" klingt wie ein Zauberwort. Es gibt so viele zeitsparende Hilfsmittel. Vom Auto über die Waschmaschine bis zum Computer. Überall die Zusage: „Du gewinnst Zeit!", und dennoch überall die Klage: „Ich habe keine Zeit!" Da läuft doch etwas falsch. Die Uhr tickt richtig.

Warum haben wir so wenig Zeit? Warum leiden wir unter Termindruck und Zeitmangel? Was treibt uns in die Hetze?

In Hast und Eile wird alles oberflächlich, auch unsere menschlichen Beziehungen. „Es wird ganz eilig gezecht und ganz eilig geliebt, ganz tief sinkt die Seele dabei, man martert ganz eilig, vernichtet ganz eilig, ganz eilig sind später Reue und Buße vorbei", meint der russische Dichter J. A. Jewtuschenko. Die Hektik höhlt uns aus; sie lässt uns nur die Oberfläche der Dinge erleben; wir „veräußerlichen".

Wir entwickeln Chronometer, die in Millionen Jahren nur Bruchteile von Sekunden an Genauigkeit verlieren. Unsere Lebenszeit nimmt um Jahrzehnte zu. – Und doch hat keiner Zeit.

Was ist eigentlich los mit uns und unserer Zeit? Wir beschleunigen unser Tempo und arbeiten immer effektiver. Wir verdichten die Zeit und quetschen sie aus. Beim Kochen telefonieren wir, essen bei der Arbeit und nehmen das Handy mit zur Toilette. Wir verursachen den Tempowahn und werden dabei zu Opfern.

Hört man auf die Ratschläge und Empfehlungen der Zeitmanager, müsste man das Problem doch eigentlich lösen können. Die Probleme mit der Zeit haben heute eine neue Qualität erreicht. Es geht nicht mehr darum, seine Zeit gewinnbringend zu managen, Atempausen und Urlaubstage einzuschieben. Die Mobilität ist so groß und die Geschwindigkeit der Veränderungen so rapide, dass der Hintergrund unseres Lebens verschwimmt. Wir haben keine festen Orientierungspunkte mehr. Wir sind „Zeitkünstler" geworden, die zur gleichen Zeit immer Mehrfaches tun. Wir fahren Auto, hören Musik und schließen mit dem Handy einen Kaufvertrag ab.

Eine neue Askese fordern Zeitforscher. Wir brauchen feste „Ankerplätze" im weiten Meer der Zeit. Wege der Entschleunigung müssen wir neu entdecken, damit wir nicht im „burn out" landen.

Wir sollten es machen, wie der Dichter Friedrich Schiller es tat. Er schrieb in einem Brief an seinen Freund Körner:

„Jetzt bin ich frei und will es für immer bleiben. Keine Arbeit mehr, die mir ein anderer auferlegt und die einen anderen Ursprung hat als meine Neigung. Ich werde acht oder zehn Tage schlechterdings nichts tun – völlige Ruhe des Kopfes, freie Luft und Bewegung werden alles ändern."[6]

Manchmal leiste ich mir den Luxus, einfach da zu sein. Es muss nichts passieren. Ich möchte einfach „absichtslos da sein". – „Verweile doch, du bist so schön!" (J. W. von Goethe).

Wort durch den Tag
Gelingt es mir heute zu sagen:

Ich habe jetzt Zeit für mich …

Ich habe jetzt Zeit für dich …

Heute möchte ich auf mein Schritttempo achten. Ich werde ganz bewusst langsam gehen, die Treppenstufen einzeln nehmen, beim Kollegen oder Freund stehen bleiben und ein paar Worte wechseln.

Heute habe ich Zeit für mich …

Heute habe ich Zeit für dich …

Bedrohung der
Freiheit

17. Tag · Montag

Wie eine Marionette

Wort der Schrift

Wacht und betet, damit ihr nicht in Versuchung geratet. Der Geist ist willig, aber das Fleisch ist schwach (Mk 14,38).

Wort zum Tag

Wir sind eine Nation, die das Wort Freiheit großschreibt: Freiheit. Aber wie viele haben ihre Freiheit längst verspielt! In vielen Netzen kann sich der Mensch heute verfangen. Wer kann durch ein Kaufhaus gehen und unterliegt nicht gewissen Kaufzwängen? Wir sind keine „Leibeigenen" mehr. Aber wie frei sind wir eigentlich?

Die Freiheit ist immer neu bedroht. Die Warnung des Apostels Paulus gilt auch heute: „Bleibt daher fest und lasst euch nicht von Neuem das Joch der Knechtschaft auflegen!" (Gal 5,1). Max Horkheimer hielt auf dem evangelischen Kirchentag 1965 eine Rede zur Bedrohung der Freiheit. Einige Thesen fasse ich hier zusammen:

Der einzelne Mensch mag zur Freiheit, zur Erlösung bestimmt sein. Die Menschheit jedoch hat sich durch Herrschaft, Ausbeutung, Mord und Unterjochung der übrigen Kreatur, notfalls der eigenen Gattung, stets behauptet. Sie ist die blutigste, grausamste Spezies der bekannten Welt. Nichts war ihr zu heilig, auch nicht Wahrheit und Religion, um es als Instrument der Macht zu benutzen.

Wird heute Freiheit als Gehorsam auf die Weisung von Experten verstanden? Wir vertrauen nicht nur dem Arzt, sondern dem Fachmann, der besser informiert ist und mehr Kompetenz aufweist. Im Straßenverkehr folgen wir der

Weisung der Verkehrspolizisten, um ein Chaos zu vermeiden. Auch die großen Urlaubsreisen werden für uns von Experten organisiert und geplant.

Müssen wir heute einen Rückgang der Freiheit auf allen Gebieten der Wirtschaft, der Familie, der Erziehung, des täglichen Umgangs feststellen? Die Entscheidungsfreiheit der Person wird delegiert vom Einzelnen aufs Kollektiv, auf Clique, Fachschaft, Partei, Nation.

Die Entmündigung des Individuums durch das Kollektiv betrifft die einfachste Begebenheit des Alltags. Das Überqueren einer Straße war um 1900 eine Angelegenheit der einzelnen Person. Man schaute nach rechts und links, hörte auf den Hufschlag der Pferde und ging, nach eigenem Entschluss, langsam oder rasch, gerade oder schräg auf die andere Straßenseite.

Heute blicken zwanzig, dreißig Augenpaare auf die Ampel oder auf den Schutzmann und gehorchen dem Befehl. Die Fußgänger sind eine Gruppe wie die Fahrer, und beide reagieren auf die Weisung. Sie handeln nur als Gruppe.

„Auf allen Gebieten, auch wo, wie im Fall des Autofahrers, der Mensch als Einzelwesen reagiert, erfährt er sich als Mitglied, als Vertreter einer Gruppe. Ein besonders deutliches Beispiel sind die Postleitzahlen. Die Städtenamen werden überflüssig, musealer Zusatz. Was schon für die Post, fürs Telefon und Auto selbstverständlich ist, wird auch auf das Individuum angewendet. Die Nummern von Pass, Kennkarte, Sozialversicherung weisen den Weg. Ohne Ausdehnung des Zeichensystems auf den Einzelnen selbst kommt die Verwaltung nicht mehr durch …

Die Welt der Nummern wird schlechthin gültig; die kulturelle Ära, für die das einzelne Subjekt noch einzig war, hat ihr Ende erreicht. Das Bewusstsein von sich selbst als autonomem Einzelnen, der eine eigene Seele hat, tritt zurück, fast möchte ich sagen, jenes Selbstbewusstsein wird verlernt. Ob in der verwalteten Welt das Ich im Kollektiv aufgehoben oder bloß verwaltet wird, davon hängt unser Schicksal ab …"[7]

Wort durch den Tag

In welchen Lebensräumen erfahre ich noch meine persönliche Entscheidungsfreiheit?

Fühle ich mich in vielen Bereichen als „Marionette" undefinierbarer Mächte?

Erfahre ich die „Gesetze des Kollektivs" auch als Entlastung in einer Welt, die mich täglich überfordert?

Gelenkt vom Navigationssystem

Wort der Schrift

Wenn ich rufe, erhöre mich, Gott, du mein Retter! Du hast mir Raum geschaffen, als mir angst war (Ps 4,2).

Wort zum Tag

Angst kommt von Enge. Angst beklemmt. Vieles macht mir heute Angst und bedroht meine Freiheit. Der Fortschritt erleichtert zwar unser Leben, aber manchmal spüre ich meine Abhängigkeit.

Durch das Handy zum Beispiel sind wir immer und überall erreichbar. Manche nehmen es überall hin mit. In einer Reklame las ich, dass man am eigenen Computer per Internet sogar den Ort, wo sich das Handy eines Bekannten zur Zeit befindet, feststellen kann. Jede Frau kann zum Beispiel kontrollieren, wo sich ihr Mann im Augenblick aufhält. Fortschritt und Technik bringen uns viele Annehmlichkeiten. Aber wie groß ist der Verlust an persönlicher Freiheit?

Ich staune auch jedes Mal über das kleine schwarze Kästchen, das mein Bekannter auf das Armaturenbrett seines Autos legt. Dann tippt er das Ziel unserer Fahrt ein. Ein Pfeil zeigt ihm genau den Wegverlauf und eine Frauenstimme, die er „Gisela" nennt, sagt ihm: „Nach dreihundert Metern bitte rechts abbiegen!" Und brav folgt mein Freund dieser Stimme. Er lässt sich nach links oder rechts dirigieren. Selbst wenn er sich verfahren hat, fängt ihn die Stimme wieder ein. Dann wendet er gehorsam sein Auto und folgt der Anweisung der Frauenstimme. Dabei ist er kein angepasster Typ. Mein Freund meinte einmal:

„Ich habe meine Orientierungsfähigkeit an Gisela delegiert. Ohne sie wäre ich hilflos. Ich müsste ja wieder lernen, Stadtpläne und Straßenkarten zu lesen."
Schon früher haben Seeleute den Kurs ihres Schiffes durch den Stand der Gestirne, später dann mit dem Kompass bestimmt. Mit dem „Navi" bewegen wir heute unsere Autos, von Satelliten gelenkt, ans Ziel.
Das lateinische Wort „navigare" bedeutet: ein Schiff lenken. Die meisten Verfahren der Navigation entstammen der Nautik, also der Ortsbestimmung und Steuerung von Schiffen. Erst seit 1962 kennen wir die Navigation durch Satelliten. Die Entwicklung ist offen. Bald brauchen wir unsere Autos gar nicht mehr selbst zu lenken …

Wort durch den Tag
Wohin geht diese Entwicklung? Welche Fähigkeiten delegiert der Mensch, sodass diese verkümmern? Werden unser Spielraum und damit unsere Freiheit immer enger und kleiner?
Bei einem Defekt oder Ausfall der Technik erfahren wir unsere Abhängigkeit und Hilflosigkeit. Haben Sie das schon einmal erfahren?

Der Erste und Beste

Wort der Schrift
Jeder wird von seiner eigenen Begierde, die ihn lockt und fängt, in Versuchung geführt (Jak 1,14).

Wort zum Tag
Freiheit ist das Zauberwort der Moderne. Wie wichtig die Freiheit ist, versteht am besten, wer unfrei ist und sich nach Freiheit sehnt. Wer die inneren Zwänge und die äußeren Ketten spürt. Was aber ist Freiheit?

Karl Marx bringt das populäre Verständnis der Freiheit auf den Punkt: „Frei sei, wer einen Zustand erlangt habe, heute dies, morgen jenes zu tun, morgens zu jagen, nachmittags zu fischen, abends Viehzucht zu treiben, nach dem Essen zu kritisieren, wie ich gerade Lust habe …"[8]

Freiheit ist demnach, seiner Lust und Laune, seinen momentanen Eingebungen, seinem spontanen Willen gemäß zu handeln. Diese Art Freiheit ist aber ein Luxus, den sich keiner auf Dauer leisten kann. Selbst Superreiche sind oft von der Angst um ihren Reichtum Getriebene. Sie brauchen Panzerschränke und viele Anwälte, um ihren Besitz zu verteidigen. Sie riegeln sich mit hohen Zäunen und Alarmanlagen ab. Sie können dennoch nicht ruhig schlafen. Die Verlustangst hat manchen Reichen in der Finanzkrise bis zum Wahnsinn getrieben.

Ist das ein Leben? Ständig unter Druck stehen, um der Erste und Beste zu sein?

Alles sein, nur kein Verlierer. Sich durchsetzen. Die Nase vorn haben. Den Konkurrenten überragen. Das entscheidende Zehntel voraus sein. Auf der Überholspur geht's uns gut!

Alles ist erlaubt: Tricksen. Pushen. Lügen, wenn es sein muss. Beziehungen spielen lassen, „über Leichen gehen", um nur ganz oben zu stehen.

Schon in der Schule müssen wir der Beste sein. Schulklassen lösen wir auf und ersetzen sie durch Leistungskurse. Eliteschulen braucht unsere Nation. Werden wir bis in unser Denken und Streben nur vom Gesetz des Marktes bestimmt?

In unserer Gesellschaft besitzen viele Menschen so viel, dass sie nur einen Bruchteil davon genießen können. Sie verdienen so viel, dass sie es für sich nie verbrauchen können. Die bekannte Erzählung von Heinrich Böll[9] zeigt die Freiheit und Lebensfreude eines „Aussteigers":

Ein Fischer sitzt am Strand und blickt auf das Meer, nachdem er die Ernte seiner mühseligen Arbeit auf den Markt gebracht hat. Warum er nicht einen Kredit aufnehme, fragt ihn ein Tourist. Dann könne er einen Motor kaufen und das Doppelte fangen. Das brächte ihm Geld für einen Kutter und einen zweiten Mann ein. Zweimal täglich auf Fang hieße das Vierfache verdienen! Warum er eigentlich herumtrödele? Auch ein dritter Kutter wäre zu beschaffen; das Meer könnte viel besser ausgenutzt werden, ein Stand auf dem Markt, Angestellte, ein Fischrestaurant, eine Konservenfabrik – dem Touristen leuchten die Augen. „Und dann?", unterbricht ihn der Fischer. „Dann brauchen Sie gar nichts mehr zu tun. Dann können Sie den ganzen Tag hier sitzen und glücklich auf Ihr Meer hinausblicken!" Darauf sagte der Fischer: „Aber das tue ich doch jetzt schon."

Wort durch den Tag

Welche Alternativen gibt es in diesem Wettstreit um die ersten und besten Plätze? Das Evangelium spricht von der Alternative: herrschen oder dienen. Der „Erste und Beste sein" oder „Diener aller" sein? Das ist der Kontrast, die Herausforderung, mit der uns das Evangelium konfrontiert.

„Da rief Jesus sie zu sich und sagte: Ihr wisst, dass die, die als
Herrscher gelten, ihre Völker unterdrücken und die Mächtigen ihre Macht über die Menschen missbrauchen. Bei euch
aber soll es nicht so sein, sondern wer bei euch groß sein
will, der soll euer Diener sein, und wer bei euch der Erste
sein will, soll der Sklave aller sein" (Mk 10,42-44).
Hier geht es nicht um bezahlte Knechte oder Sklaven und
Söldner, die eine Strafe verbüßen. Es geht um freiwilligen
Einsatz: Dienen, um dieser Erde in der Ellbogengesellschaft
wieder ein humanes Gesicht zu geben.

20. Tag · Donnerstag

Wie frei sind wir eigentlich?

Wort der Schrift

Denn ich tue nicht das Gute, das ich will, sondern das Böse, das ich nicht will (Röm 7,19).

Wort zum Tag

In seiner Rede zur Jahreswende 1487 „Über die Würde des Menschen (De hominis dignitate)" hatte Pico della Mirandola, ein italienischer Philosoph am Beginn der Neuzeit, den Menschen seiner Zeit ihre Freiheit als von Gott gegebene bewusst gemacht.[10] Seitdem wissen wir um die Freiheit des Denkens, der Rede und des Handelns, um Meinungs- und Religionsfreiheit. Unsere Freiheitsrechte sind „unantastbar" und vom Grundgesetz garantiert.

Heute geht es angesichts der Forschungsergebnisse der modernen Hirnforschung wieder um unsere Freiheit, die nicht mehr von außen, sondern „von innen" bedroht zu sein scheint. Die Neuro- und Kognitionswissenschaften beschreiben das menschliche Gehirn naturwissenschaftlich so genau, dass wir wissen, welche Prozesse zwischen den Nervenzellen ablaufen und welche Hirnareale daran beteiligt sind, wenn wir denken und sprechen, verstehen und handeln. Das denkende Subjekt, der denkende und entscheidende Mensch oder anders gesagt das „mit sich identische Ich" scheint darin zu verschwinden. Vor allem unsere Willens- und Entscheidungsfreiheit wird anscheinend grundlegend in Frage gestellt. Empirische Untersuchungen des amerikanischen Neurobiologen Benjamin Libet (1916–2007) haben gezeigt, dass das sogenannte „Bereitschaftspotential" im Gehirn früher aktiv ist als der Willensentschluss selbst. Bei seinen Versuchspersonen, die zu einem bestimmten Zeitpunkt die Entscheidung treffen mussten, die rechte Hand zu beugen, zeigte sich im Elektroenzephalogramm (EEG) des Gehirns, dass dieses „Bereitschaftspotential" bereits in Aktion ist. Es entsteht in den tieferen Strukturen des Gehirns, die unser Gedächtnis- und Bewertungssystem enthalten. Erst jetzt entsteht das „Gefühl", den Willen zu einer Handlung zu haben. „Der Willensakt geht also nicht den neuronalen Prozessen voraus, sondern ergibt sich aus ihnen", betont der Hirnforscher Gerhard Roth.[11] Überspitzt formuliert heißt das also: Meine Entscheidung trifft das Gehirn, nicht ich! In den Neurowissenschaften heißt das *Determinismus*, im Sinne einer Vorbestimmtheit des Willens. Was oder wer *determiniert* ist, ist nicht frei. – Das Gehirn determiniert also meine Entscheidungen und mein Verhalten.

Entspricht das aber meinen Alltagserfahrungen? Welche Erfahrungen mache ich mit mir, wenn ich Entscheidungen treffen muss?

In Quizsendungen heißt es oft: „Mein Bauchgefühl sagt mir jetzt …" Wo mein Wissen, meine rationale Überlegung mich im Stich lassen, vertraue ich auf eine merkwürdige Befindlichkeit in meinem Bauch. Im spirituellen Kontext und bei existenziellen Fragen sagen wir: „Meine innere Stimme sagt mir …" Sie ist etwas „höher" angesiedelt, wir sagen dann auch: „Mein Herz sagt mir, dass …" – Geben wir unsere Entscheidungsfreiheit an unser Bauchgefühl ab, an unsere „innere Stimme", an unser „Herz"? Legitimiert unser Sprachgebrauch sozusagen buchstäblich die Ergebnisse der Hirnforschung?

Oder noch einmal anders gewendet: Oft genug frage ich mich, warum ich etwas Bestimmtes getan habe, ohne dass es eigentlich meine Absicht war. Wir bereuen, etwas getan zu haben, ohne uns dazu entschieden zu haben. Von einem „Vorsatz" kann also keine Rede sein. Trotzdem bin ich schuldig geworden, habe eine Verantwortung für mein Handeln zu tragen. Hat mein Gehirn mich schuldig gemacht? Kann ich überhaupt schuldfähig und verantwortlich sein, wenn doch mein Gehirn mich die Dinge tun lässt? Wie soll das Strafrecht mit diesen Erkenntnissen der Hirnforschung umgehen?

Und was ist mit der anderen Erfahrung, die ich auch oft mache: Ich „weiß" genau, dass ich etwas Bestimmtes nicht tun darf. Mein Bauchgefühl, mein Herz oder meine innere Stimme sagen mir: Tu's nicht. Ich tu es trotzdem, vielleicht mit schlechtem Gewissen. Das ist dann „Vorsatz". Ich habe mich in voller Freiheit für diese Tat entschieden „wider besseres Wissen".   *(Edeltraud Bülow[12])*

Wort durch den Tag

Bei welchen Gelegenheiten fühle ich mich wirklich frei und bei welchen verlasse ich mich auf mein „Bauchgefühl", auf meine innere Stimme, auf mein Herz?

21. Tag · Freitag

Dein Wille geschehe

Wort der Schrift

Dein Reich komme! Dein Wille geschehe wie im Himmel, so auf der Erde (Mt 6,10).

Wort zum Tag

Der moderne Mensch will seine Freiheit, seine Willens- und Entscheidungsfreiheit, sein Recht auf Selbstbestimmung, und zwar nicht nur im gesellschaftspolitischen Kontext, sondern auch in den existenziellen Fragen nach Leben und Tod. Er will das Leben um jeden Preis von der Zeugung bis zu den teuersten Medikamenten und Technologien zur Lebenserhaltung und -verlängerung. Er will aber auch die Selbstbestimmung für seinen Tod, das Recht auf den „eigenen Tod" zu einem selbstbestimmten Zeitpunkt.

Die neurophysiologischen Prozesse des Gehirns sind dann zum Beispiel bei einer schweren Depression so beschaffen, dass aus ihnen eine „Entscheidung" zur Beendigung des Lebens hervorgeht. Über die Medien bundesweit bekannt wurden in der letzten Zeit die Selbsttötung des Fußballspielers Robert Enke oder der Jugendrichterin Kirsten Heisig.

Entscheidet mein Gehirn oder entscheidet „das Ich" für mich? Vielleicht habe ich tatsächlich die Willensfreiheit *gegen* mein Gehirn, dass ich bei voller Gesundheit und im Vollbesitz meiner Vernunftkräfte sterben *will* und meinen Tod herbeiführe. Die Gegner des Determinismus würden dies wohl bejahen.

Und doch ist Leben unser kostbarstes Gut, das uns geschenkt ist. Es ist nicht in unsere Verfügungsgewalt gegeben, auch wenn es oft so scheint: Leben entsteht, wo es nicht gewollt ist. Überleben ist möglich gegen alle Widerstände und Erwartungen und jenseits unserer Kriterien von „menschenwürdig" und „menschenunwürdig". Und Sterben geschieht meist gegen unseren Willen, weil wir leben wollen.

Determinismus und Freiheit, beides scheint für einige Forscher wie den Philosophen John Searle vereinbar, „kompatibel", zu sein. Es wird von der Annahme ausgegangen, dass neurophysiologische und biochemische Prozesse den Organismus, das lebende System, natürlich „determinieren". Aber eine lebende Zelle ist auch kreativ und kooperativ, so der Neurobiologe Joachim Bauer. Die nachdarwinistische Lehrmeinung geht nicht mehr von der determinierten Zelle und ihren Genen aus, sondern von ihrer Kreativität und Kooperativität – und Kreativität bedeutet Freiheit. Selbst der bereits erwähnte Forscher Libet hatte in seinen Experimenten, so unvollkommen sie auch gewesen sein mögen, zugestanden, dass die Hirnrinde, unser Frontalhirn, die Fähigkeit hat, Prozesse zu hemmen, sodass hier eine mögliche Form von Freiheit erkennbar wird.[13]

Der Philosoph John Searle scheint dieser Auffassung zuzuneigen. Er bekennt: „Wir können nur handeln, wenn wir Freiheit voraussetzen."[14] Wir brauchen nicht nur den *Begriff*, sondern auch das *Bewusstsein* von Freiheit. Aber damit ergibt sich ein weiteres Problem, an dem die Bewusstseinsforschung bereits arbeitet, denn auch das Bewusstsein gibt es eigentlich nicht, wenn es doch „nur" aus psychophysischen Zuständen besteht …

Festzuhalten ist: Es *gibt* also Freiheit, auch neurophysiologisch, in der Kreativität jeder einzelnen Zelle. Es gibt Willensfreiheit, es gibt sie als Faktum, als Postulat und auch in der Form des Verzichts.

Ich kann meinen freien Willen abgeben, wenn die Dinge unentscheidbar geworden sind bzw. wenn „ich" nicht mehr

„weiß", wie ich mich entscheiden soll. Ich kann Gott meine (Entscheidungs- und Handlungs-)Freiheit zurückgeben, wie es der erste Petrusbrief formuliert: „Werft all eure Sorgen auf ihn …" (1 Petr 5,7).

Bedrohte Freiheit oder Freiheit abgeben, um frei zu sein? Ich kann meinen freien Willen abgeben, indem ich mich binde, an eine Person oder an Gott. Das geschieht in der Liebe. Seinen letztgültigen Ausdruck hat Jesus dieser Entscheidung verliehen: Vater, nicht mein, sondern dein Wille geschehe!

Meine Freiheit ist in der Freiheit Gottes aufgehoben und meine Menschenwürde auch. In *seiner* Freiheit bin ich *zur Freiheit befreit* (Gal 5,1). *(Edeltraud Bülow)*

Wort durch den Tag

Kann ich meine Freiheit abgeben in der Liebe zu Gott und in dieser Bindung frei sein?

22. Tag · Samstag

Die Gedanken sind frei

Wort der Schrift
In der Bedrängnis rief ich zum Herrn; der Herr hat mich erhört und mich frei gemacht (Ps 118,5).

Wort zum Tag
Angesichts der Forschungsergebnisse der modernen Hirnforschung geht es um unsere Freiheit, die nicht mehr von außen, sondern „von innen" bedroht zu sein scheint. Bei Wikipedia lese ich: „Freiheit ist die Autonomie eines handelnden Subjektes." Sie schenkt die Möglichkeit, ohne Zwang zwischen verschiedenen Möglichkeiten auswählen und entscheiden zu können. Wird man in Zukunft solche Sätze in jedem Lexikon neu formulieren müssen? Nicht nur die Gehirnforschung, auch die Philosophie hat schon immer die Freiheit unserer Willensentscheide hinterfragt:
„Zunächst wird man prinzipiell sagen, dass man sich im Normalfall selbstverständlich als frei erfährt. Schließlich hätte man doch, anstatt zum Beispiel eine Tasse Tee zu trinken, auch eine Tasse Kaffee wählen können. Man kann sich zumindest des Eindrucks kaum erwehren, dass man hier aus freien Stücken gehandelt hat. Bei näherem Zusehen stellt man dann aber auch schnell fest, dass nur ein kleiner Teil der Handlungen, die man täglich ausführt, tatsächlich als willentliche Handlungen bezeichnet werden können und bewusst, kontrolliert, geplant, intendiert und freiwillig stattfinden. Der überwiegende Teil der Handlungen, die tagtäglich ausgeführt werden, laufen ohne vorherige bewusste Überlegung, sondern zu großen Teilen automatisiert ab."[15]

Vor diesem Hintergrund habe ich mit Vergnügen die Gedanken von Heinz-Dieter Kurz gelesen:
„Die Gedanken sind frei. Sowieso. Der ganze Mensch ist frei! Ich jedenfalls. Wenn ich in der Frühe aufstehe, nehme ich mir die Freiheit und frühstücke. Kaffee oder Tee, gerade wie ich will. Dann gehe ich wie immer an meinen Schreibtisch und schalte den Computer ein. Dort verharre ich aus freien Stücken, bis mich sonstige Obliegenheiten an andere Orte locken oder zwingen.

Alles, was ich mache, mache ich, weil ich es so will. Meine Freiheit kann mir keiner nehmen. Nicht einmal ich. Wer das als Beschränkung meiner Freiheit ansieht, dem fehlt die Einsicht. Bei mir paart sich Freiheit mit Einsicht. Entweder bekomme ich, was ich mag, oder ich mag schließlich, was ich bekomme.

Mich kriegt keiner klein. Oder groß. Ich will genauso sein, wie ich bin. Nicht anders. Manchmal denke ich, ich möchte wie ein berühmter Sportler oder Wissenschaftler sein oder wie ein berühmter Frauenheld oder, besser noch, alles zugleich. Verehrt und angehimmelt! Aber ich denke es nur, wollen tu ich es nicht. Ich nehme mir die Freiheit und vermeide Aufregungen und ungebührliche Belastungen. Schon der bloße Gedanke bereitet mir Qual, wie Boris Becker oder Silvio Berlusconi oder gar wie „Mörtel" oder K. H. Grasser auszusehen, und mehr noch, wie einer von ihnen zu sein. Ich denke ihn daher erst gar nicht. Nein, ich halte mich frei von Unannehmlichkeiten aller Art. Nur dann und wann, selten genug, abends zu Hause zum Beispiel, kollidiert meine Freiheit mit einer anderen.

Jetzt haben wir zwei Fernsehapparate. Ich schaue mir an, was ich will, und wenn ich auf diese Weise einen Abend verplempere, sage ich mir, ich hätte die Freiheit gehabt, auch etwas anderes an- oder einfach wegzuschauen.

Mir geht es daher bestens. Wer frei ist, so wie ich, der kann optimieren und ist rational. Der holt das Optimalste heraus.

Einer wie ich tut nichts grundlos und ohne Bedacht. Deshalb ist bei mir auch alles so logisch, proper und in bester Ordnung. Dass es in der sonstigen Welt so betrüblich aussieht, kann nur damit zu tun haben, dass es zu wenig an Freiheit gibt. Da wir mit keiner schnellen Änderung der Lage rechnen können, sehe ich nur folgende Lösung der Menschheitsprobleme: Man müsste mich und meine Verhältnisse in hinreichend großer Zahl klonen. Das würde zwar die Weltbevölkerung massiv erhöhen, böte aber Gewähr dafür, dass endlich Vernunft auf Erden Einzug hielte. Aber ich dränge mich mit meinen Ideen nicht auf."[16]

Wort durch den Tag
Wird dieses Studentenlied von früher[17] zum „Protestgesang" von heute?

Die Gedanken sind frei – wer kann sie erraten?
Sie fliehen vorbei – wie nächtliche Schatten.
Kein Mensch kann sie wissen, kein Jäger erschießen
mit Pulver und Blei:
Die Gedanken sind frei!

Ich denke, was ich will und was mich beglücket,
doch alles in der Still' und wie es sich schicket.
Mein Wunsch und Begehren kann niemand verwehren,
es bleibet dabei:
Die Gedanken sind frei!

Und sperrt man mich ein im finsteren Kerker,
das alles sind rein vergebliche Werke.
Denn meine Gedanken zerreißen die Schranken
und Mauern entzwei:
Die Gedanken sind frei!

Grenzen der
Freiheit

23. Tag · Montag

Liebe und dann tue, was du willst!

Wort der Schrift

Ihr seid zur Freiheit berufen, Brüder. Nur nehmt die Freiheit nicht zum Vorwand für das Fleisch, sondern dient einander in Liebe! Denn das ganze Gesetz ist in dem einen Wort zusammengefasst: Du sollst deinen Nächsten lieben wie dich selbst! (Gal 5,13f.).

Wort zum Tag

„Die Freiheit nehm' ich mir", wirbt ein bekanntes Kreditkarteninstitut und suggeriert, dass wir uns alles ohne Hemmung und ohne Hindernisse aneignen und erlauben könnten. Eine heute landläufige Sichtweise von Freiheit ist: „Tun und lassen können, was man will, wie man will und wann man will." Dies würde bedeuten, dass man ohne alle Einschränkungen handeln kann und alle Verbindlichkeiten verweigern darf. Freiheit stößt aber sehr bald an Grenzen. Freiheit ist keine Willkür!

„Ein Christenmensch ist ein freier Herr aller Dinge und niemandem untertan", formuliert Martin Luther in einer seiner wichtigsten Thesen. Aber dann fährt er fort: „Ein Christenmensch ist ein dienstbarer Knecht aller Dinge und jedermann untertan".[18]

Manche Christen legen evangelische Freiheit so aus, dass es im Grunde nichts gibt, dem man verpflichtet ist. Dieser Einstellung stellt Luther den zweiten Satz entgegen: Ein Christenmensch ist auch ein dienstbarer Knecht aller Dinge und jedermann untertan – nämlich in der Liebe zum

Nächsten. Luther versucht, in der Entfaltung dieser bewusst paradox formulierten Sätze das Wesentliche der Christusbotschaft und der christlichen Existenz deutlich zu machen. Christen sind frei, d. h. sie sind durch Jesus Christus befreit und erneuert.

Luther beruft sich auf Paulus. Die Freiheit, die Paulus meint, ist eine innere Freiheit, eine unmittelbare und freie und liebevolle Beziehung zu Gott. Eine Liebesbeziehung zu Gott allerdings mit Folgen. Überall, wo Christen Einfluss haben, können sie es von ihrem Glauben her nicht mehr zulassen, dass Menschen andere Menschen zu Sklaven machen oder auf andere Weise ausbeuten.

Jesus befreit den Menschen zu dem, was er ist, zum Sohn und zur Tochter Gottes. Die Liebe gibt uns eine königliche Würde. Sie macht uns auch fähig, die Würde des anderen Menschen zu achten. So schreibt Paulus: „Das ganze Gesetz ist in dem einen Wort zusammengefasst: Du sollst deinen Nächsten lieben wie dich selbst!" (Gal 5,14). Wenn wir uns vom Geist Christi leiten lassen, der uns letztendlich unsere Freiheit geschenkt hat, tragen wir Früchte des Geistes wie „Liebe, Freude, Friede, Langmut, Freundlichkeit, Güte, Treue, Sanftmut und Selbstbeherrschung" (Gal 5,22f.).

Der Maßstab unseres Handelns ist die Liebe und kein Gesetz, das bis ins Kleinste alles regelt. Das bedeutet konkret, dass wir selber aufgefordert sind, unser Handeln zu entscheiden. Uns ist ein Handlungsspielraum geschenkt. Gott schenkt uns die Freiheit, weil er uns zutraut, sie auch verantwortungsbewusst leben zu können. Die wahre Freiheit besteht darin, selbstlos lieben zu können.

George Bernard Shaw hat einmal gesagt: „Freiheit bedeutet Verantwortlichkeit; das ist der Grund, weshalb die meisten Menschen sich vor ihr fürchten." Mit der neu gewonnenen Freiheit muss der Mensch auch Verantwortung übernehmen.

Das kann Angst machen. Die Verantwortung macht Angst. Für das, was wir entscheiden, müssen wir auch unseren Kopf hinhalten. Wir werden angreifbar und dadurch verletzbar. Ich bin gezwungen, meine Entscheidung, mein Handeln zu verantworten.

Aber genau das traut Gott uns Menschen zu! Er setzt großes Vertrauen in uns. Nicht alles, was wir Menschen tun, gelingt uns auch. Jeder Mensch hat Fehler und Schwächen. Aber genau darin liegt die Größe Gottes. Er entzieht uns nicht sein Erbarmen.

In uns streitet der Geist wider das Fleisch, wie Paulus das Streben des Bösen nennt. Darum noch einmal die Warnung des Apostels Paulus:

„Wenn ihr einander beißt und verschlingt, dann gebt Acht, dass ihr euch nicht gegenseitig umbringt. Darum sage ich: Lasst euch vom Geist leiten, dann werdet ihr das Begehren des Fleisches nicht erfüllen. Denn das Begehren des Fleisches richtet sich gegen den Geist, das Begehren des Geistes aber gegen das Fleisch; beide stehen sich als Feinde gegenüber, sodass ihr nicht imstande seid, das zu tun, was ihr wollt. Wenn ihr euch aber vom Geist führen lasst, dann steht ihr nicht unter dem Gesetz" (Gal 5,15-18).

Wort durch den Tag

Das Wort der heiligen Augustinus: „Liebe und dann tue, was du willst!" ist sicher kein Freibrief für Willkür. Wie verstehen Sie dieses Wort? Hat es Ihnen schon einmal geholfen, die richtige Entscheidung zu treffen?

„Die Freiheit besteht darin, dass man alles tun kann, was einem anderen nicht schadet" (Matthias Claudius, 1740–1815).

24. Tag · Dienstag

Der Wolf in uns

Wort der Schrift

Wenn ihr einander beißt und verschlingt, dann gebt Acht, dass ihr euch nicht gegenseitig umbringt (Gal 5,15).

Wort zum Tag

„Der Mensch ist dem Menschen ein Wolf." Diesen Gedanken hat der römische Dichter Plautus etwa 200 vor Christus ausgesprochen. Oft wurde dieses Wort zitiert. Verhalten wir uns zueinander wirklich wie Raubtiere? Müssen wir anderen Menschen misstrauisch begegnen? Muss ich immer damit rechnen, dass der andere mich übers Ohr hauen will?

„Der Mensch ist dem Menschen ein Wolf." Und manche Wölfe laufen in Schaffellen herum. Der Mensch ist nicht gezähmt. In ihm ist der Wolf, der gewalttätig werden kann, nicht an die Kette gelegt.

Diese Wahrheit kann sich uns täglich aufdrängen: Die Mächtigen gebrauchen ihre Macht, die Gewalttätigen unterjochen die kleinen Leute, die Reichen schauen verächtlich auf die Armen. Offensichtlich drängt sich das mitmenschliche Verhalten dem Menschen nicht ohne Weiteres auf. Deswegen hat die Menschheit durch Gesetze schon seit Jahrtausenden versucht, die Unberechenbarkeit des Menschen zu zähmen.

Eine besondere Art dieser Zähmung der Unmenschlichkeit finden wir im Judentum. Mit einem System aus Geboten und Verboten wurde versucht, der Unmenschlichkeit des Menschen beizukommen. Jüdische Menschen wussten, Gott weist die Wildheit des Menschen in ihre Grenzen.

Saulus, der Pharisäer, war von Jugend auf im Gesetz streng erzogen worden. Hundertprozentig wollte er Gottes Gebote halten. Er war ein Eiferer und sogar bereit, die Christen zu verfolgen. Dieser Mann, der es Gott recht machen wollte und dabei seine Hände mit Blut beschmutzte, war Paulus. Er hat später den bereits mehrfach zitierten Brief an die Galater geschrieben. Wie konnte er die Freiheit in solch einer radikalen Weise dem Gesetz gegenüberstellen? Was war mit Paulus passiert? Er war Jesus Christus begegnet und erkannte: Nicht auf die buchstäbliche Formulierung des Gesetzes kommt es an, sondern auf den Geist der Liebe, der den Menschen durchdringt und leitet.

An die Stelle der Bindung an das Gesetz trat bei Paulus die Bindung an Jesus Christus. Jetzt konnte er frei atmen und das Korsett des Gesetzes abstreifen. Orientierung fand er nicht mehr im strikten Befolgen von verschriftlichten Prinzipien, sondern er hörte auf Jesus Christus, der seine Fesseln sprengte. Paulus hatte verstanden: Mit Christus bin ich ganz fest verbunden, aber gerade dadurch bin ich ganz frei!

Wer diese Freiheit im Glauben einmal geschmeckt hat, kann und darf sich nicht mehr durch Prinzipien und Gesetze einfangen lassen. Darum ruft Paulus den Galatern so eindeutig zu: „Lasst euch nicht wieder knechten!" Das Zeichen der Knechtung wäre die Beugung unter das jüdische Gesetz gewesen, wie es durch die Beschneidung der Männer zum Ausdruck kam.

Aber Freiheit ist nicht Willkür. Die Freiheit, zu der ich durch Gottes Handeln in Jesus Christus befreit werde, bedeutet nicht, dass ich machen kann, was ich will. Vielmehr ist derjenige, der immer nur das tut, was er will, zutiefst versklavt durch sein eigenes Ich. Er ist in Gefahr, der Wolf der anderen Menschen zu werden. Frei bin ich nicht nur für mich, sondern gerade dann, wenn ich auch für andere die Freiheit respektiere. Darum gehören die Freiheit und der Dienst für den Nächsten zusammen. Die wahre Freiheit besteht darin, selbstlos lieben zu können. Diese Freiheit und Selbstbestimmung im Glauben ist allerdings etwas Einzigartiges, das uns nichts und niemand nehmen kann.[19]

Wort durch den Tag

Ob sich in uns das Lamm mit dem Wolf aussöhnen kann? Der Prophet Jesaja hatte diese Vision: „Dann wohnt der Wolf beim Lamm, der Panther liegt beim Böcklein. Kalb und Löwe weiden zusammen, ein kleiner Knabe kann sie hüten … Man tut nichts Böses mehr und begeht kein Verbrechen" (Jes 11,6.9). Was denken Sie? Zu schön, um wahr zu sein?

„Wenn du in allem Bösen das Gute und in allem Guten das Böse sehen kannst, bist du erlöst. Schaf und Wolf können friedlich in dir wohnen." (Elmar Gruber)

25. Tag · Mittwoch

Der Geist der Freiheit

Wort der Schrift

Denn ihr habt nicht einen Geist empfangen, der euch zu
Sklaven macht, sodass ihr euch immer noch fürchten müsstet,
sondern ihr habt den Geist empfangen, der euch zu Söhnen
macht, den Geist, in dem wir rufen: Abba, Vater! So bezeugt
der Geist selber unserem Geist, dass wir Kinder Gottes sind.
Sind wir aber Kinder, dann auch Erben; wir sind Erben Gottes
und sind Miterben Christi, wenn wir mit ihm leiden, um mit
ihm auch verherrlicht zu werden (Röm 8,15-17).

Wort zum Tag

Die Freiheit vollzieht sich im Spielraum von Bindung und
Ordnung. Man kann nicht allen Herren dienen, man muss
sich für einen entscheiden (siehe Mt 6,24). Wenn unsere
Bindung an den einen Gott eindeutig ist, dann haben die
Götzen keine Macht über uns und wir sind frei.
Das Neue in der christlichen Interpretation der Freiheit liegt
vor allem darin, dass Freiheit mit einem geschichtlichen Ereignis in Verbindung gebracht wird: Jesus Christus ist der Ursprung der Freiheit. In seiner Geschichte ist die Freiheit
Ereignis geworden. Aus diesem Grunde wird die Freiheit vor
allem als Befreiung verstanden und erfahren. Pointiert formuliert Paulus: „Zur Freiheit hat uns Christus befreit!" (Gal 5,1).
Jesus Christus befreit aus der Gottesferne und Selbstsucht.
Er befreit zum Vertrauen auf Gott und zur Liebe. Die Freiheit verwirklicht sich also in der Zugehörigkeit zu Gott, in
dem glaubenden Vertrauen, in dem wir mit ihm verbunden
sind.

Die Beziehung zu Gott hängt mit der Beziehung zu Christus zusammen. Jesus Christus macht uns zu Erben Gottes. Gott ist unser Vater und wir sind Kinder Gottes. In diese Liebesbeziehung zieht uns Christus hinein. Wir dürfen sogar sagen: Gott wohnt in seiner Herrlichkeit in uns. Die Gott berufen hat, zu denen sagt er sein unwiderrufliches Ja. Über sie breitet er seinen Lichtglanz und macht sie heilig (siehe Röm 3.30).

An Jesus Christus wird deutlich, wie gerade die Begegnung mit Gott als grundlegende Befreiungserfahrung wahrzunehmen ist. Die entscheidende Einsicht besteht darin: Freiheit wird von der Beziehung, von der Zugehörigkeit her gedacht und gelebt.

Wenn ein Kind im Vertrauen zu seinen Eltern lebt, dann kann es sich frei entfalten. Es kann spielen, sich freuen, die Welt entdecken. Wenn es etwas falsch gemacht hat, stehen die Eltern zu ihm. Es wird trotzdem geliebt. In einer Atmosphäre des Vertrauens kann sich ein Mensch frei entfalten.

„Freiheit in diesem Sinne ist nicht etwas, was der Einzelne für sich hat, sondern was in der Beziehung des Vertrauens entsteht und sich entfaltet. Entsprechendes gilt auch für die Freiheit des Glaubens. Die christliche Botschaft sieht die Menschen nicht als isolierte Einzelne, sondern sieht sie in einer Vielfalt von Beziehungen – im Verhältnis zu Gott, zu den anderen Menschen, zur natürlichen und sozialen Umwelt und zu sich selbst.

Wenn der Mensch diesen Beziehungsreichtum, die Vielfalt von Lebensverhältnissen, nicht wahrnimmt, isoliert er sich und versucht, rücksichtslos sich selbst zu verwirklichen. Sein Verhältnis zu Gott und zu den Menschen ist gestört.

Wenn die Botschaft von Jesus Christus Menschen anspricht und überzeugt, befreit sie den Menschen aus der Selbstverschlossenheit und Beziehungslosigkeit; sie eröffnet ihm so den Beziehungsreichtum des Lebens, und eben darin verwirklicht sich die Freiheit."[20]

Wort durch den Tag

Kennen Sie Menschen, die wirklich frei sind? Welche Bedeutung spielt bei ihnen der Glaube?

Kennen Sie Menschen, die innerlich unfrei sind? Welches Gottesbild und welches Menschenbild nehmen Sie bei ihnen wahr?

Was könnte Ihnen helfen, frei zu werden?

26. Tag · Donnerstag

Herrschaftswechsel

Wort der Schrift

Niemand kann zwei Herren dienen; er wird entweder den einen hassen und den andern lieben oder er wird zu dem einen halten und den andern verachten. Ihr könnt nicht beiden dienen, Gott und dem Mammon (Mt 6,24).

Wort zum Tag

„Wer sich in Liebe bindet, bleibt frei", las ich in einem alten Buch. Ich habe darüber länger nachgedacht. Freiheit und Bindung, wie gehören sie zusammen? Braucht man eine Bindung, um frei zu sein?

Viele nehmen sich heute Freiheiten heraus und fühlen sich doch abhängig und gebunden. Menschen aber, die sich lieben und in Treue aneinander binden und die um die Verlässlichkeit ihrer Liebe wissen, können sich frei lassen ohne Verlustangst und ohne Eifersucht. Wer sich in Liebe bindet, wird frei.

Die Zehn Gebote beginnen mit dem Satz: „Ich bin der Herr, dein Gott, der euch aus der Knechtschaft befreit hat" (siehe Ex 20,2). Es geht also um die Freiheit des Menschen und um die Gefahr seiner Versklavung durch Götter und Götzen, durch geheime Verführer. Sie wollen nicht unsere Freiheit, sondern nur unsere Abhängigkeit. Wer sich in Liebe an Gott bindet, bleibt frei und wird nicht in die Fänge der Götzen und Götter fallen. Wir müssen uns entscheiden, wem wir Macht und Einfluss über uns einräumen und unter welcher Herrschaft wir leben wollen. Wer sich für Gott entscheidet, vollzieht einen Herrschaftswechsel.

Was ich meine, erzählt auch eine uralte Sage aus Griechenland. Sie erzählt vom Krieg der Griechen gegen die Stadt Troja: Zehn Jahre war die Stadt belagert. Dann wurde sie durch eine List zu Fall gebracht. Die Heimfahrt des Odysseus dauert noch einmal zehn Jahre und ist voller Abenteuer, und eines davon ist dieses:

Das Schiff der Heimkehrer muss an der Insel der Sirenen vorbei. Sirenen – dieses griechische Wort bedeutet „die Bestrickenden, die Fesselnden" – sind eine Mischung aus Mensch und Vogel mit Krallenfüßen. Mit ihrem im buchstäblichen Sinn bezaubernden Gesang ziehen sie die vorbeifahrenden Seefahrer an, um sie dann umzubringen. Die Insel der Sirenen ist übersät von Skeletten ihrer Opfer.

Odysseus ist gewarnt worden. Er befiehlt den Leuten auf seinem Schiff, sich die Ohren mit Wachs zu verstopfen. Er will allein die Ohren offen halten. Aber seine Gefährten müssen ihn fest an den Mastbaum des Schiffes binden. So will er es wagen, die tödliche Gefahr zu bestehen.

Als das Schiff sich der Insel nähert, tritt zuerst eine unheimliche Ruhe ein. Dann ertönt der Zaubergesang der Sirenen. Aber Odysseus, der sich in Freiheit gebunden hat, bleibt frei. Er besteht, fest an den Mast gebunden, die tödliche Gefahr und gewinnt so die Heimkehr.

Es ist auffallend, wie oft die Christen des Altertums diese Sage erzählt haben. In der Heimkehr des Odysseus sahen sie ein Bild der von vielen Verlockungen und Gefahren bedrohten Lebensfahrt der Christen. Der Christ kann nur bestehen, wenn er in Freiheit sich selbst eine feste Bindung auferlegt.

So wie Odysseus sich an den Mastbaum des Schiffes binden lässt, so binden sich die Christen an das Kreuz Jesu Christi. Wer sich in Freiheit gebunden hat, bleibt frei. Wer eine feste Bindung hat, braucht seine Ohren nicht mit

Wachs zu verstopfen vor den Verlockungen der Welt. Wer wagt, sich in Liebe zu binden, erlebt die Geburtsstunde einer neuen Freiheit.

Wort durch den Tag

Der Kompass zeigt die Richtung an. Ohne ihn treiben die Schiffe hilflos auf dem Meer. Jesus Christus ist der Kompass, der unserem Leben Richtung und Orientierung gibt. Diese Bindung schenkt unserem Leben den größtmöglichen Radius an Freiheit.

Welche „Götter" und Götzen bestimmen und verwirren unser Leben? Ist ein Herrschaftswechsel angesagt?

27. Tag · Freitag

Gelübde

Wort der Schrift

Auch ist es mit dem Himmelreich wie mit einem Kaufmann, der schöne Perlen suchte. Als er eine besonders wertvolle Perle fand, verkaufte er alles, was er besaß, und kaufte sie (Mt 13,45f.).

Wort zum Tag

Das klingt nach einer Liebesgeschichte: Alles voll Freude verkaufen, um die Perle zu gewinnen. Das ist die Leidenschaft für das Reich Gottes …

„Du hast mich betört", sangen vier Novizinnen, als ich vor Kurzem in München ihre Professfeier begleitete. Junge, gut ausgebildete Frauen banden sich in Gelübden an die Ordensgemeinschaft. Darf man denn seine Freiheit einfach so aufgeben? Darf man nach den evangelischen Räten in Armut, Ehelosigkeit und Gehorsam sich selbst die Hände binden?

„Komm, folge mir!", heißt der Ruf Christi. Die Jünger ließen alles liegen und stehen – die Boote und Netze am See Gennesaret – und folgten ihm. Kann der lebendige Gott einen Menschen so in Beschlag nehmen, dass er alles andere „voll Freude verkauft" und seine Freiheit und Liebe verschenkt?

Ein Kaufmann sucht kostbare Perlen. Er ist kein armer Schlucker. Aber er sucht und hat Sehnsucht im Herzen. Das nenne ich Leidenschaft: Als er eine besonders wertvolle Perle findet, verkauft er voll Freude alles, was er besitzt, und kauft die Perle. So ist das mit dem Himmelreich: Die Perle geht uns nicht aus dem Sinn.

Wenn Schulklassen unser Kloster besuchen, höre ich öfters ein Bedauern, auf was wir alles verzichten müssen. Dann erkläre ich es gern mit dem Wort: „Mache einen Geizhals zum Verliebten, und er wird zum Verschwender." Er schenkt seiner Braut den teuersten Diamantenschmuck, und das tut ihm nicht mehr weh.

Darin liegt nicht der Sinn der evangelischen Räte, Verzicht zu leisten und Mangel zu erfahren. Negatives kann nicht Inhalt und Ziel lebenslanger Bemühungen sein. Der Verzicht ist nur zu begreifen aus dem Liebesbund, den Gott mit Menschen geschlossen hat.

Wer verliebt ist, lässt es sich etwas kosten. So ist das auch mit dem Reich Gottes: Wir müssen leidenschaftlich suchen nach der kostbaren Perle. Das brennende Herz ist gefragt und der Mut, alles zu investieren.

Dann ist zum Beispiel das Gelübde des Gehorsams kein Verzicht auf Selbstbestimmung, sondern die Fähigkeit, zu „hören" und zu „gehören". Gehorsam ist nicht Aufgeben des eigenen Willens, sondern Verschmelzung meines Willens mit dem Willen dessen, dem ich „gehöre".

„Gehören" heißt nicht „besitzen", sondern verbunden sein durch Liebe und Anerkennung. Im kooperativen oder verantwortlichen Gehorsam gebe ich meine Freiheit nicht auf. Freiwillig übernehme ich Gesetze. Aber im Gehorsam bleibe ich selbst verantwortlich für mich und die anderen und die Welt.

Auf die innere Beziehung und freiwillige Bindung kommt es an. Soli deo, Gott allein genügt! Das ist das Schlüsselwort. Natürlich ist mein Bemühen halbherzig und oft hinke ich hinter meinen Vorsätzen her. Aber der Ansatz stimmt: „Wer sich in Liebe bindet, ist frei!"

Wort durch den Tag

Kennen Sie das? Alles für eine Sache einsetzen, Zeit und Geld investieren, um ein Ziel zu erreichen oder einen Menschen so leidenschaftlich lieben, dass Freunde den Kopf schütteln? Männer und Frauen in den Ordensgemeinschaften verstehen die Emmausjünger, die rückblickend über die Begegnung mit Jesus sagten: „Brannte uns nicht das Herz in der Brust?" (Lk 24,28).

Wer sich in Liebe bindet, ist frei! Was denken Sie über diesen Satz?

28. Tag · Samstag

Liebe bindet – Liebe macht frei

Wort der Schrift

Dann sprach Gott, der Herr: Es ist nicht gut, dass der Mensch allein bleibt. Ich will ihm eine Hilfe machen, die ihm entspricht. Darum verlässt der Mann Vater und Mutter und bindet sich an seine Frau und sie werden ein Fleisch (Gen 2,18.24).

Wort zum Tag

Andrea: „Liebe bindet – Liebe macht frei." Pater Erich fragt uns, was uns als Ehepaar dazu einfällt.

Andreas: Es gibt den viel zitierten Satz „Geteilte Freude ist doppelte Freude – geteiltes Leid ist halbes Leid." Vielleicht kann man auch sagen „Geteilte Freiheit ist doppelte Freiheit."

Andrea: Wie meinst du das?

Andreas: Freiheit setzt das Wissen um die Vielfalt der Möglichkeiten voraus. Zu zweit wird der Blick weiter. Durch dich habe ich viel gelernt, z. B. darüber, wie eine Frau empfindet.

Andrea: Und ich finde es spannend, deine Sichtweisen kennen zu lernen.

Andreas: Seitdem ich dich kenne, werden meine Perspektiven durch deine ergänzt. Ich freue mich über den erweiterten Horizont, den ich jetzt nutzen kann. Ich habe mehr Entscheidungsmöglichkeiten und du hilfst mir auch noch, meinen Weg zu gehen. Die Bindung an dich gibt mir mehr Freiheit, klingt paradox, ist aber so.

Andrea: Ich kann meine Freiheiten deshalb so genießen, weil du mir eine Heimat schenkst. Dein Vertrauen und deine Ermutigung erweitern meine Möglichkeiten. Und wenn ich unterwegs bin, freue ich mich, dass ich dir anschließend von meinen Erlebnissen erzählen kann.

Andreas: „Heimat" ist ein wichtiges Stichwort. Ich verbinde damit auch die gesicherte Position, von der aus ich handeln und Neues wagen kann. Ich weiß, dass du mir zuhörst und wir uns immer austauschen können.

Andrea: Ich glaube übrigens, dass es eine Freiheit gibt, auf der Suche zu sein, z. B. auf der Suche nach einem Menschen, mit dem man sein Leben teilen möchte. Und dass es auch eine Freiheit gibt, sich für einen ganz konkreten Menschen zu entscheiden. Es gibt gewissermaßen eine Zeit zu suchen und eine Zeit, sich zu entscheiden. Wenn ich mich nicht entscheide und damit auch die Vielzahl der Möglichkeiten hinter mir lasse, werde ich nicht die Erfahrung machen können, einen konkreten Menschen in der ganzen Tiefe kennen zu lernen. Vertrauen und Nähe, wie sie in einer engen Beziehung möglich sind, eröffnen Räume, die sonst verschlossen bleiben.

Andreas: Der Ehering wird mitunter als „goldene Fessel" gezeichnet. Ich höre da heraus, dass man durch die Bindung an Freiheit verliert, sich aber ganz gerne in dieser Weise fesseln lässt. Wahrscheinlich deshalb, weil man mehr gewinnt als verliert.

Andrea: Für mich ist Vertrauen und Nähe so wertvoll, dass ich diesen Reichtum nicht gefährden möchte. Ich möchte den Menschen, der mir so tiefes Vertrauen entgegenbringt, nicht enttäuschen. Aber ich tue auch mir einen Gefallen, wenn ich das gewachsene Vertrauen nicht gefährde.

Andreas: Eine glückliche Verbindung mit einem Ehepartner ist ohne Vertrauen und Treue nicht zu haben. Der Gewinn ist eine Erweiterung der Perspektive, des persönlichen Wohlbefindens und der Freiheit. Darum bin ich auch den Weg der Bindung und des Vertrauens gegangen, trotz aller Risiken, die auch damit verbunden sein mögen. Für mich ist geteilte Freiheit doppelte Freiheit.

Andrea: Ich empfinde es als großes Geschenk, einen Weg der Liebe und des Vertrauens gehen zu dürfen – das ist nicht selbstverständlich – und ich hoffe, dass wir noch möglichst lange gemeinsam auf dem Weg sein können.

(Andrea und Andreas)

Wort durch den Tag

Es ist spannend, sich mit dem Partner/der Partnerin über das Thema Freiheit und Bindung zu unterhalten. Versuchen Sie es auch einmal!

Wenn du in allem Bösen das Gute und in allem Guten das Böse sehen kannst, bist du erlöst. Schaf und Wolf können friedlich in dir wohnen.   *Elmar Gruber*

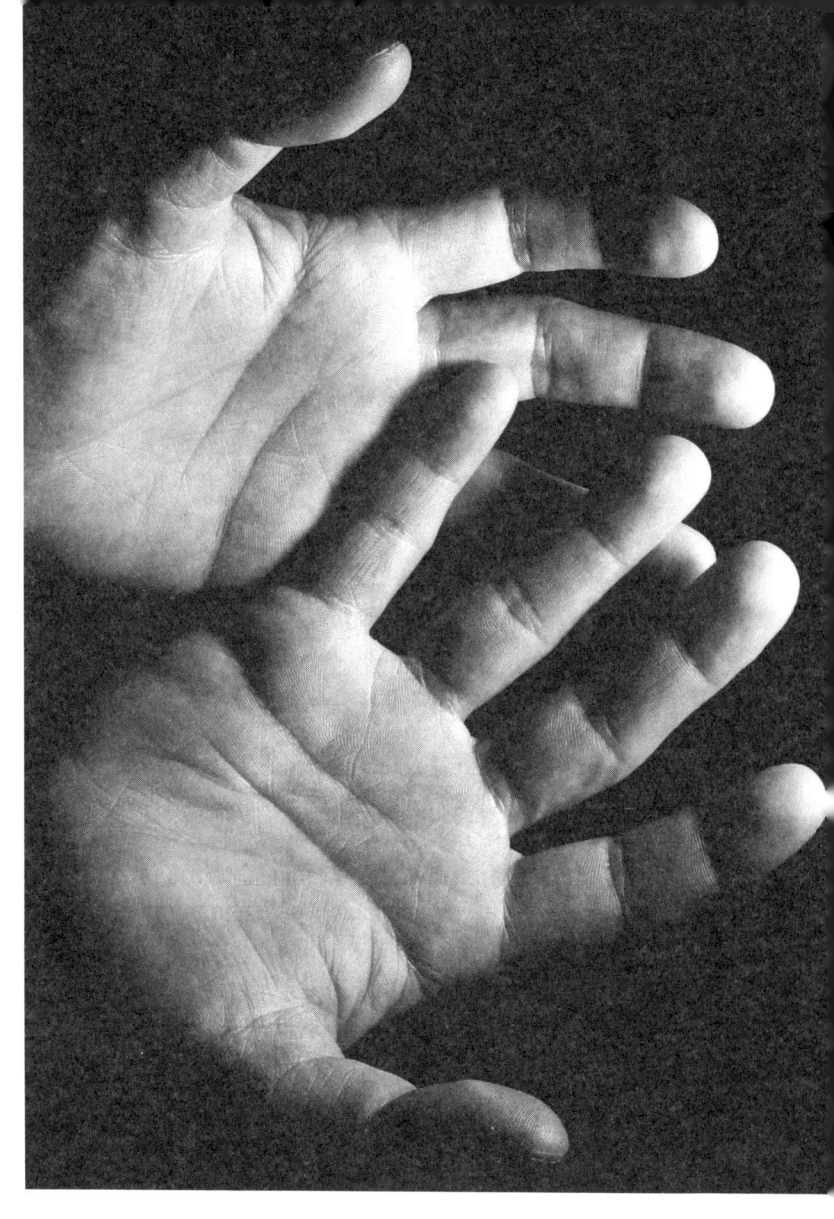

Die Freiheit der leeren Hände

29. Tag · Montag

Loslassen – Kunst des Lebens

Wort der Schrift
Jesus sagte: Jeder, der um meines Namens willen Häuser oder Brüder, Schwestern, Vater, Mutter, Kinder oder Äcker verlassen hat, wird dafür das Hundertfache erhalten und das ewige Leben gewinnen (Mt 19,29).

Wort zum Tag
Im Herbst fallen die Blätter und in prächtigen Farben welkt das Leben dahin. Die Bäume legen ihr buntes Kleid ab. Bald stehen sie nackt da. Werden und Vergehen, Festhalten und Loslassen – das ist die Sprache der Schöpfung. Rainer Maria Rilke[21] beschreibt es in Versen:

Die Blätter fallen, fallen wie von weit,
als welkten in den Himmeln ferne Gärten;
sie fallen mit verneinender Gebärde.

Und in den Nächten fällt die schwere Erde
aus allen Sternen in die Einsamkeit.

Wir alle fallen. Diese Hand da fällt.
Und sieh dir andre an: Es ist in allen.

Und doch ist Einer, welcher dieses Fallen
unendlich sanft in seinen Händen hält.

Alles, was geschaffen ist, folgt einem ewigen Gesetz: Es fällt. Die Blätter fallen, wir alle fallen. Ganz still geht es vor sich. Ein

Blatt löst sich von der Spitze des Baumes, dreht sich und tanzt in die Tiefe, bis es sich einreiht in einen bunten Teppich.

Ob das Blatt weiß, dass es Platz machen muss? Wenn es abfällt, ist schon die Knospe da für das nächste Jahr. In der Knospe ist bereits das neue Blatt kunstvoll gestaltet, bis es sich im Frühling neu entfaltet. Alles folgt dem ewigen Gesetz: Es fällt.

Und wir ahnen, dass Neues nur wächst, wenn wir Altes loslassen. Ist das die innere Weisheit des Baumes, der jedes Jahr seine Blätter abwirft, um dem Neuen eine Chance zu geben? Ob auch wir lernen loszulassen, was schwer an uns hängt und unserer Tage Mühsal ausmacht? Sich diese Freiheit zu nehmen, den Ballast abzuwerfen, um frei für das Neue zu werden. „Die Blätter fallen, wir alle fallen. Diese Hand da fällt. Es ist in allen." In uns wächst die Ahnung, dass hinter allem Loslassen etwas Größeres wartet.

Wort durch den Tag

Fastenzeit

Eine Einladung an mich
    zu lassen.

Frei zu werden von all dem,
was ich an Ballast mit mir herumtrage.

Ich bin eingeladen

    los – zu – lassen
    weg – zu – lassen
    sein – zu – lassen
    fallen – zu – lassen

Zurück – zu – lassen
… um leer zu werden,
… um frei zu werden.

Ich bin eingeladen

mich IHM zu über – lassen
mich auf IHN zu ver – lassen
mich auf IHN ein – zu – lassen
mich von IHM füllen – zu – lassen.

Ulrike Groß[22]

30. Tag · Dienstag

Umarmen und wieder loslassen

Wort der Schrift

Wenn das Weizenkorn nicht in die Erde fällt und stirbt, bleibt es allein; wenn es aber stirbt, bringt es reiche Frucht (Joh 12,24).

Wort zum Tag

„Leben heißt, Menschen und Dinge umarmen und wieder loslassen, nichts und niemanden besitzen wollen und über jeden Stern jauchzen, der vom Himmel fällt", schreibt Phil Bosmans. Zum Geheimnis des Lebens gehört das Lassen. Manchmal glaube ich, dass es die Kunst des Lebens ist, das Loslassen einzuüben. Denn alles in uns ist auf Festhalten programmiert.

„Was du weggibst, ist dein, was du behältst, geht dir verloren." Dieses Wort stand auf einer Spruchkarte, die mir einmal zu Beginn der Fastenzeit ein Bekannter schickte. Wie ist das zu verstehen? Jeder hat nur das, was er gibt! Der Widerspruch dieses Satzes zur eigenen Erfahrung ist einsichtig. Was ich weggebe, darüber kann ich nicht mehr verfügen. Wieso kann man behaupten: Was du weggibst, ist dein?

Was aber besitze ich wirklich? Wenn ich etwas Kostbares in der Hand halte und die Faust darum balle, verliert es mit der Zeit seinen Wert. Ich muss die Hand öffnen, das Kostbare anschauen, es anderen zeigen. Ich muss es zwischen „dir und mir" ins Spiel bringen. Dann behält es seine Bedeutung.

Der Schatz, den wir im Tresor verschließen, mag uns ein sicheres Gefühl verleihen. Aber sogar die Wirtschaft spricht vom toten Kapital. Das Talent, das wir im Acker vergraben, wird uns, wie die Bibel sagt, wieder genommen (siehe Mt 25,14-30).

Nur in der Offenheit und Freiheit entfaltet sich der Mensch. Im Geben, nicht im Festhalten; im Schenken, nicht im Vergraben; im Lieben, nicht im Verweigern finden wir das Leben. Die Heilige Schrift sagt es in einem Bild: „Wenn das Weizenkorn nicht in die Erde fällt und stirbt, bleibt es allein; wenn es aber stirbt, bringt es reiche Frucht" (Joh 12,24). Wenn das Korn sich weigert und nicht in die Erde will, wird es vergehen und nutzlos sein.

Alles ist hineingenommen in den ewigen Kreislauf von Aussaat und Ernte. Wer nur an sich denkt, wer ängstlich festhalten will, verdirbt. Er wird Sklave seiner Besitzstände. Er wird durch Verlustangst gepeinigt. Aber wer sich schenkt, wird frei und findet neues Leben.

Wo aber sind da die Grenzen der Hingabe? Wir können doch nicht alles preisgeben und totale Selbstopferung fordern. Man könnte uns ausnützen und ausbeuten.

Wir müssen unterscheiden zwischen „sich geben" und „sich vergeuden". Der Unterschied zwischen „sich geben" und „sich vergeuden" besteht nicht darin, dass der eine sich wohldosiert gibt, der andere aber total, ohne Vorbehalt.

Der Unterschied liegt nicht im Maß, wie einer sich gibt. Der Unterschied zwischen „sich geben" und „sich vergeuden" liegt vielmehr im Du. Nur, wenn ich mich Dir gebe, vergeude ich mich nicht. Mein Leben ist nicht adressiert an ein Nichts, sondern hingeordnet auf ein Du, auf Menschen, die mich annehmen und bejahen. Ich bin nicht da für eine Institution, die mich degradieren und missbrauchen kann. Bischof Klaus Hemmerle formulierte: „Im Du geht das Ich nicht verloren."

Diesen Weg ist Christus gegangen. „Jesus Christus war wie Gott, hielt aber nicht daran fest, Gott gleich zu sein, sondern entäußerte sich, wurde wie ein Knecht und den Menschen gleich" (nach Phil 2,6f.). Er hält nicht fest, er „entäußert sich", er gibt sich hin und wird Brot für das Leben der Welt.

Wer diesen Weg der Freiheit geht, wird erfahren, was das Wort bedeutet: „Was du weggibst, ist dein, was du behältst, geht dir verloren." Denn was bleibt dir vom Leben? Nur was du gegeben in Liebe, das bleibt. Wenn du leben willst, wage zu lieben.

Wort durch den Tag
„Was du weggibst, ist dein, was du behältst, geht dir verloren."
Bedenken Sie diesen Satz heute.

31. Tag · Mittwoch

Der Himmel wird uns geschenkt

Wort der Schrift
Denn wir haben nichts in die Welt mitgebracht, und wir können auch nichts aus ihr mitnehmen (1 Tim 6,7).

Wort zum Tag
„Ich steh' vor Dir mit leeren Händen, Herr", heißt es in einem Lied, das unsere Gemeinden gern singen. Das ist kein asketisches Thema für fromme Seelen. Das ist eine Grunderfahrung des Lebens, in die jeder hineinwachsen kann, denn der Weg des Lebens führt jeden notwendig in die Erfahrung, dass wir ärmer werden. Kann man auch sagen, dass wir freier werden? Je älter wir werden, umso mehr müssen wir loslassen. Von Abschied zu Abschied, bis uns der letzte gelingt. Vor Gott können wir nur mit leeren Händen bestehen. Den Himmel müssen wir uns schenken lassen. Wie ist das gemeint?
Als Kind greifen wir nach den Dingen. Als Schüler versuchen wir, alles zu begreifen. Als Erwachsener nennen wir es Reichtum, wenn wir viel besitzen. Doch in der Mitte des Lebens müssen wir anfangen zu lassen. Irgendwann benötigen wir Brillen, Hörgeräte oder Gehhilfen. Die Grenzen des Alters werden spürbar und verlangen von uns Verzichte.
Bei der Pensionierung werden wir aus dem Beruf entlassen. Das Leben zwingt uns die Erfahrung der leeren Hände auf. Wer sich darauf nicht einlässt, wird im Alter nur noch im Protest leben. Spätestens im Tod wird auch der Reiche zum Bettler. Der Volksmund sagt das drastisch: „Das Totenhemd hat keine Taschen." Alles, was wir festhalten, entgleitet uns auf geheimnisvolle Weise.

92

„Menschliches Leben vollendet sich in der Armut", las ich bei Ladislaus Boros (1927–1981). Vordergründig scheint sich menschliches Leben im Besitz zu vollenden. Drang nach Besitz? Was kann ich besitzen? Ich kann ein Ding besitzen, jemand kann ein Auto oder ein Haus besitzen. Je höher aber das Sein ist, umso weniger kann ich es besitzen. Einen Menschen kann ich nicht besitzen. Ein Mensch ist immer Geschenk. Über einen Menschen kann ich nicht einfach verfügen wie über ein Ding.

Gott ist das Höchste. Er ist totales Geschenk. Gott kann ich überhaupt nicht besitzen, Gott kann ich nur empfangen, mit leeren Händen. In stummer Hingabe muss ich bereit sein, mich von Gott beschenken zu lassen.

Menschliche Vollendung finden wir in Gott. Darum müssen wir leere Hände haben, müssen wir arm sein, müssen wir uns beschenken lassen können, denn Anspruch auf den Himmel haben wir nicht. Da gelten keine Goldmedaillen und Erfolge. Am Ende ist alles Gnade.

Am Ende können wir Gott nur unsere leeren Hände hinhalten, um uns den Himmel schenken zu lassen. Unser Leben mündet in Lobpreis und Anbetung. Das ist die totale Freiheit. Dann gilt nur noch die Liebe, die sich verschenkt.

Wort durch den Tag
Alles, was ich festhalten will, entgleitet mir auf geheimnisvolle Weise … Ich steh vor Dir mit leeren Händen, Herr.

32. Tag · Donnerstag

Befreiung aus der Knechtschaft

Wort der Schrift

Die Wurzel aller Übel ist die Habsucht. Nicht wenige, die ihr verfielen, sind vom Glauben abgeirrt und haben sich viele Qualen bereitet (1 Tim 6,10).

Wort zum Tag

„Willst du jemandem etwas Schlimmes wünschen, dann wünsche ihm viel Geld, dazu einen großen Geiz. Das ist wie sein Todesurteil", sagt der Volksmund.

In Paris wurde vor Jahren eine Frau tot aufgefunden. Jeder kannte sie. Sie durchwühlte täglich die Mülltonnen nach etwas Essbarem. Sie schlief auf Pappkartons und deckte sich mit Zeitungen zu. Sie nächtigte unter Brücken. Sie starb an Unterernährung. Man fand bei der Toten Sparbücher im Wert von über einer Million Euro …

Was ist der Geiz? Er ist die verschlingende, leidenschaftliche Gier nach materiellem Besitz. Der Geiz ist das Verlangen, diesen Besitz mit keinem anderen zu teilen, sondern ihn zu horten und festzuhalten. Den Geizigen quält die Verlustangst.

Und was ist Habgier? Der Geiz besteht in der Anhäufung von Reichtum, die Habsucht ist das Streben nach Reichtum. Der Habsüchtige ist gierig. Deshalb will er dem anderen seinen Besitz wegnehmen. Der Geizhals hütet das, was er hat. Geiz und Habsucht treiben die Besessenen dazu, immer hinter etwas herzurennen, was nie Befriedigung bringt. Wie viele Probleme in unseren Familien gehen auf Erbstreitigkeiten zurück. Wie viele psychische Zusammenbrüche haben ihre

Ursache in der wahnsinnigen Sucht, mit seinem Besitz glän-
zen zu müssen. Geiz und Habsucht sind die Übel unserer
Tage!

Das Haben- und Besitzenwollen ist eine Art Einverleiben,
wie beispielsweise das Essen. Der Säugling neigt in einer
bestimmten Phase seiner Entwicklung dazu, Dinge, die er
haben möchte, in den Mund zu stecken. Das ist seine Art des
Besitzergreifens.

Auch dem Konsumentenverhalten liegt der Wunsch zugrunde,
die ganze Welt zu verschlingen. Der Konsument ist der ewige
Säugling. Das wird offenkundig bei pathologischen Phäno-
menen wie Alkoholismus und Drogensucht. Wie gut versteht
es die Werbung, unseren Appetit anzuregen? Schließlich verspielen wir unsere Freiheit und sind Sklaven der Sucht.

„Hast du was, bist du was!" Auch ein bekannter Ausspruch.
Das Bankkonto bestimmt den Wert einer Person. Wer kann
schon als Einzelner an dieser kollektiven Einstellung etwas
ändern? Wer kann sich verweigern und beim Tanz um das
Goldene Kalb aussteigen?

Eine Antwort gibt mir Erich Fromm (1900–1980). In seinem
Buch „Haben oder Sein"[23] zeigt er Grundlagen einer neuen
Gesellschaft. In seiner Darstellung steht die „Existenzweise
des Habens" für die Übel der gegenwärtigen Zivilisation,
die „Weise des Seins" aber für die Möglichkeit eines erfüll-
ten und freien, nicht entfremdeten Lebens. Der Mensch,
der nicht mehr vom Besitz und Habenwollen, sondern vom
Sein bestimmt wird, kommt zu sich selbst. Diesem Menschen gilt Besitz nicht viel, Liebe jedoch alles. Er schöpft
Freude aus dem Geben und Teilen und nicht aus dem
Horten und der Ausbeutung anderer.

Nicht was einer hat, sondern was einer in seiner tiefen
Existenz ist, macht seinen Wert aus.

Wort durch den Tag

Geiz und Habsucht sind nicht einfach zu besiegen. Früher
kannte man ein Trainingsprogramm. „Askese" hieß das Wort.
In der österlichen Bußzeit, der Fastenzeit, versucht man seit
vielen Generationen, durch freiwilligen Verzicht ein Stück
Freiheit zu gewinnen. Bei der Askese geht es nicht um eine
düstere Kasteiung des Fleisches, sondern um ein Trainingsprogramm zur Unabhängigkeit von all den Zwängen, die
unser Leben bestimmen.

Fehlgelenkte Sehnsucht

Wort der Schrift

Meine Seele sehnt sich nach dir in der Nacht, auch mein Geist ist voll Sehnsucht nach dir (Jes 26,9).

Wort zum Tag

Die Gesichter der Menschen spiegeln diese Sehnsucht. Alle Welt trägt einen Wunsch in sich. Viele Wünsche. Eine Unendlichkeit von Wünschen. Noch ein Gläschen, noch einen Kuss, noch eine Reise. Alle Gesichter sind verwundet von diesem Hunger. Wilhelm Busch formuliert es mit Humor so: „Ein jeder Wunsch, wenn er erfüllt wird, kriegt augenblicklich Junge."

Der Mensch ist für die Ewigkeit erschaffen. Er ist keine Eintagsfliege, deren Stunden gezählt sind. In ihm ist eine unendliche Sehnsucht. Wir schauen über den Tellerrand unserer kleinlichen Wünsche. Wir durchbrechen den Horizont unserer alltäglichen Sorgen. Und wir ahnen, dass etwas Größeres in uns schlummert, das wir nie in 70 oder 80 Jahren Lebenszeit befriedigen können.

Unsere Pläne müssen groß genug sein, um Gott einzuschließen. Sie müssen weit genug sein, um die Ewigkeit zu umfassen. Keine Grenze ist so endgültig, dass die Sehnsucht sie nicht durchbrechen könnte. Keine Mauer ist so hoch, dass die Träume von Freiheit sie nicht übersteigen könnten.

Wir leben aus dem Durst nach Unendlichkeit. Sattheit und Überdruss dürfen uns die Sehnsucht nicht nehmen. Wenn wir das Wort „Sehnsucht" hören, denken wir zunächst, das Wort habe sicher etwas mit „suchen" zu tun. Aber es kommt nicht von „suchen", sondern von „siechen", krank sein, verwundet sein. Ist das vielleicht die Grundbefindlichkeit des Menschen, dass er in sich eine offene Wunde trägt?

Die offene Wunde „Sehnsucht" – woher kommt das? Augustinus, der wie kaum ein anderer die Sehnsucht kannte, sagte: „Das ist so, weil Gottes Sehnsucht den Menschen anzieht. Gottes Leidenschaft ist der Mensch."

Ein unerhörtes Wort. Gott hat in seiner Liebe und in seiner Sehnsucht nach dem Menschen ihm diese Wunde Sehnsucht ins Herz eingepflanzt. Von dieser Sehnsucht ist unser Herz verwundet. Wir leben aus dem Durst nach Unendlichkeit.

Aber haben wir die eine große Sehnsucht aufgelöst in Sehnsüchte? Haben wir einen Plural daraus gemacht? Viele kleine, zerstückelte Sehnsüchte? Und dann glauben wir, wenn wir unsere kleinen Begierden befriedigen, dann seien wir glücklich. Doch dieses Glück ist kurzlebig und wird sehr bald schal. Oft werden die Sehnsüchte, denen wir nachjagen, zur Sucht. Die Sehnsucht des Menschen kann zur Gier werden. Sie raubt uns die Freiheit und macht uns zu Sklaven der Sucht: Kaufzwänge und Esssucht, Karrierestreben und Abenteuerlust, Sexualtrieb und Machtstreben. Die bekanntesten Verführer sind Alkohol und Drogen. Das Ende vom Lied heißt nicht Glück und Erfüllung, sondern Abhängigkeit und Zwang. Johann Wolfgang von Goethe lässt den Faust sagen: „So taumele ich von Begierde zum Genuss, und im Genuss verschmachte ich vor Begierde." Die vielen Suchtkliniken und Entwöhnungskuren zeigen, wie gefährlich dieses Spiel ist.

Alles menschliche Tun, sogar die Sünde, ist ein Suchen nach Gott. Überall suchen wir ihn: auf Festen und Orgien und Reisen, in Kinos und Bars, in Geschäften und auf Jahrmärkten. Doch finden wir ihn einzig und allein in uns selbst.

Sind vielleicht gerade die Menschen, die sich am heftigsten dem Genuss der Sinne hingeben, auch am meisten fähig, Gott zu suchen? Denn ihn suchen sie ja gerade in all ihren Abenteuern, ohne ihn richtig zu finden. Sind sie alle eigentlich nur fehlgeleitete Mystiker?

Wort durch den Tag

Die Sehnsucht kann zur Sucht verführen. Und der Süchtige verliert seine Freiheit. Wer seine unendliche Sehnsucht an endlichen Sachen oder Personen festmacht, landet oft in der Sucht. Augustinus gibt in dieser Situation den Rat:
„Suche, was du suchst, aber nicht dort, wo du es suchst."

34. Tag · Samstag

Maßhalten in kollabierenden Systemen

Wort der Schrift

Aufgrund der Gnade, die mir gegeben ist, sage ich einem jeden von euch: Strebt nicht über das hinaus, was euch zukommt, sondern strebt danach, besonnen zu sein, jeder nach dem Maß des Glaubens, das Gott ihm zugeteilt hat (Röm 12,3).

Wort für den Tag

Das rechte Maß gilt dem heiligen Benedikt als so etwas wie eine Weltformel. Er nennt es die „Mutter aller Tugenden":
- Maß beim Essen
- Maß beim Verbrauchen
- Maß bei der Arbeit
- Maß bei einer Kraftanstrengung.

Alles Übermaß macht abhängig und raubt die Freiheit. Alles Übermaß führt ins Verderben.

Wir sollten aber den Grundsatz „Mitte und Maß" nicht mit Mittelmäßigkeit verwechseln. Mitte und Maß sind das Gegenteil des Extremismus, die „Anti-Orgie" gewissermaßen. Alle Einseitigkeit macht uns krank. Alle Extreme machen uns depressiv. Die Tugend liegt im Maß, das Laster im Extrem. Es ist die Kunst des Lebens, die richtige Dosierung zu finden. Unser Leben hat immer ein Maß und braucht eine Ordnung. Im vierten Jahrhundert schrieb schon der Wüstenmönch Abbas Poimen: „Alles Übermaß ist von den Dämonen." Ein alltäglicher Rhythmus ist uns vorgegeben. Der Rhythmus von Tag und Nacht, von Wachen und Schlafen, von Werktag

und Sonntag. Die Maßlosigkeit verursachen wir selbst. Wir
drücken auf den Lichtschalter und verwandeln die Nächte in
Tage. Wir trinken eine Tasse Kaffee und verdrängen die
Schläfrigkeit. Wir schlucken Vitaminpräparate und verkürzen
den Urlaub. Wir haben viele Möglichkeiten, natürliche Ordnungen zu durchbrechen.

Auch in der Gesellschaft erleben wir extreme Maßlosigkeit.
Es gibt heute viele „kollabierende Systeme":
- Ausbeutung der Rohstoffquellen
- Klimawandel
- Generationenvertrag.

Kollabierende Systeme? Zum Beispiel die weltweite Finanzkrise. Da haben sich einige wenige maßlos bereichert. Auf
diese Finanzkrise folgte die Wirtschaftskrise, die die Freiheit
vieler Menschen zerstört hat. Arbeitslosigkeit und Armut
sind wie Fesseln, die sogar die Bewegungsfreiheit einschrän-
ken. Viele können sich einen Urlaub nicht mehr leisten.

Was kann unsere Gesellschaft vor dem Kollaps bewahren?
Ein Ansatz liegt darin, sich selbst einzuschränken. Eine neue
Askese fordern manche. Askese nicht aus Lustfeindlichkeit,
sondern aus Unlust am Überfluss. Askese als Gegenstrate-
gie gegen Maßlosigkeit. „Durch das ‚Besitzen-Müssen' wird
das Leben ‚entsetzlich'! Durch Verzichten wird das Leben
stark"[24] (Elmar Gruber).

Wort durch den Tag
Vor dem Kollaps bleibt auch unser persönliches Leben nicht
bewahrt. Wenn wir unsere Kraftreserven ständig überfordern,
wenn wir immer bis zum Limit gehen, bricht auch der
Stärkste zusammen.

Im Geben,
nicht im Festhalten,
im Schenken,
nicht im Vergraben,
im Lieben,
nicht im Verweigern
finden wir
das Leben.

Die Freiheit der
gebundenen Hände

35. Tag · Montag

Verzeihen – Fesseln zerreißen

Wort der Schrift

Da trat Petrus zu ihm und fragte: Herr, wie oft muss ich meinem Bruder vergeben, wenn er sich gegen mich versündigt? Siebenmal? Jesus sagte zu ihm: Nicht siebenmal, sondern siebenundsiebzigmal (Mt 18,21f.).

Wort zum Tag

„Als ich endlich in der Lage war zu verzeihen, da fiel eine Last von meinen Schultern! Seitdem ist Frieden in meine Seele eingekehrt." Das sagte mir eine Frau, deren Tochter bei einem Attentat umkam.

Ich staunte über die innere Kraft dieser Frau. Sie hat mir deutlich gemacht: Es ist so wichtig, die Versöhnung im eigenen Herzen zu suchen! Wer auf Dauer unversöhnt lebt, vergeudet viele Energien. „Verzeihen ist Selbstheilung der Seele", sagen Psychologen.

Versöhnung ist ein langer Weg. Das Herz fühlt sich verraten. Einmal ist man Täter, ein anderes Mal Opfer. Vergessen und Verdrängen heilen die Wunden nicht.

Aber: „Wer nicht verzeiht, bleibt stehen, auch in seiner persönlichen Entwicklung, weil er in der Opferrolle stecken bleibt", so sagt es die Psychologin Beate Weingardt.[25]

Verzeihen heißt: Schuld schenken. Wer vergibt, löst sich von seiner Opferrolle. Er sprengt das Gefängnis seiner Bitterkeit. Vergebung ist eine innere Befreiung. Und wer auf Dauer nicht verzeihen kann, bestraft sich selber. Warum?

Wer vergibt, gibt etwas auf, den Grund seines Zornes und seiner Wut. Er lässt die Last, die er mit sich schleppt, los.

Sonst muss er sie nachtragen. Das Nachtragen schadet uns selber.

Im Alten Testament kann die Frau des Lot ihren Blick nicht lösen auf Sodom und Gomorra. Sie schaut zurück und erstarrt zur Salzsäule (siehe Gen 19,26). Die Wunden, die meine Seele verletzen, können am Anfang so groß sein, dass ich wie gelähmt bin. Der Schock macht mich unfähig zu reagieren. Ich bin wie traumatisiert. Meine Welt ist zusammengebrochen. Das Selbstwertgefühl ist am Boden zerstört. Alles schreit nach Wiedergutmachung. Ich erstarre zur Salzsäule.

Irgendwann muss ich damit beginnen, die Erlebnisse aufzuarbeiten. Vergebung meint nicht beschwichtigen, verharmlosen, bagatellisieren. Es heißt eben nicht: „Schwamm drüber!" Aber wer nicht vergeben kann, schadet sich selbst. Vergeben ist ein Weg der Befreiung. Wer verzeihen kann, lebt trotz gebrochenem Herzen glücklicher und gesünder. Der Unversöhnte aber verschwendet viel Kraft und kreist immer wieder um sein Problem. Bitterkeit und Wut binden Energien, die sonst unser Schicksal verändern könnten. In Nordirland zum Beispiel fanden Forscher bei Eltern von getöteten Kindern heraus: Diejenigen Eltern, die gelernt hatten zu vergeben, litten wesentlich weniger unter psychosomatischen Störungen, Kopfschmerzen oder Magenbeschwerden.

Eines der Hauptanliegen im Alten und im Neuen Testament heißt: verzeihen und versöhnen. Versöhnung mit sich selbst und seiner eigenen Lebensgeschichte. Ich denke an das Wort von Leo Tolstoi: „Liebe deine Geschichte. Sie ist der Weg, den Gott mit dir geht." Auch Versöhnung mit Gott und den anderen ist das Anliegen der biblischen Botschaft. Religion und Glaube streben nach Liebe und verabscheuen den Hass, trachten nach Versöhnung, nicht nach Rache, üben Barmherzigkeit, nicht Vergeltung. Jesus sagt: Seid barmherzig, wie es auch euer Vater ist! (Lk 6,36).

Wort durch den Tag

Unser Festhalten an den Altlasten der Vergangenheit beugt unsere Seele. Ich möchte Sie einladen, in einer Übung, der sogenannten „Imagination", das Loslassen zu probieren. Wichtig ist, dass Sie sich nach den einzelnen Schritten viel Zeit nehmen:

Ich stehe am Ufer eines großen Flusses …
Das Wasser strömt langsam an mir vorbei …
Ich schaue stromaufwärts …
und sehe einen großen Last-Kahn, der ganz langsam auf mich zukommt …
Das Schiff legt am Ufer, wo ich stehe, an …
Der Laufsteg wird ausgefahren und der Laderaum geöffnet …
Arbeiter mit großen Lasten auf dem Rücken beladen das Schiff …
Ich denke an meine eigene Last …
meine Sorgen …
meine Traurigkeit …
meinen Ärger und meinen Frust …
Dann reihe ich mich bei den Arbeitern ein und trage meine Last in das Schiff …
Ich lege meinen schweren Sack in den Schiffsbauch …
Dann verlasse ich das Schiff und gehe wieder an Land …
Der beladene Kahn legt ab …
Er liegt tief im Wasser …
Er nimmt seine Fahrt wieder auf …
Ganz langsam entfernt er sich …
Das Schiff wird kleiner und kleiner …
Schließlich entschwindet es um eine Flussbiegung meinen Augen.

36. Tag · Dienstag

Die Chaosmächte besiegen

Wort der Schrift

Sie, die saßen in Dunkel und Finsternis, gefangen in Elend und Eisen … die in ihrer Bedrängnis schrien zum Herrn, die er ihren Ängsten entriss, die er herausführte aus Dunkel und Finsternis und deren Fesseln er zerbrach: Sie alle sollen den Herrn danken für seine Huld, für sein wunderbares Tun an den Menschen (Ps 107,10-15).

Wort zum Tag

Franzesco war ein Obdachloser. Er hatte etwas geerbt, dass ihn befähigte, auf der Straße zu leben: Humor und Selbstironie. Er kam oft in unseren ökumenischen Gottesdienst für Obdachlose. Manchmal fragte er: Darf ich auch ein paar Worte sagen? Wir hörten seinen Gedanken gern zu. Zum Osterfest war er wieder im „Knast". Er schrieb uns einen Ostergruß, den wir im Gottesdienst seinen Freunden und Kumpels vorlasen.

„Ich grüße euch aus dem Strafvollzug. Schaut mal, ich bin zur Zeit gefangen, aber innerlich frei. Ich möchte euch allen zum Osterfest davon abgeben. Jesus lässt sich nicht vergraben. Aufstehen und nicht aufgeben ist in seinem Sinn. Aufstehen fängt mit Hinfallen an. Hingefallen bin ich oft. Ihr wisst, wie oft ich rückfällig geworden bin. ‚Bleib nicht liegen!', sage ich mir heute wieder. Ihn konnten sie damals auch nicht in Gräbern festhalten. Das ist meine innere Freiheit. Sie gibt nicht auf. Ich stelle mich wieder auf meine Füße. Ich glaube daran, dass ich aufrecht gehen kann."

Die Realität ist nur eine Seite unseres Lebens. Glaube und Hoffnung sind die Kräfte, die uns weiten Raum schaffen und

die Grenzen überschreiten. Was uns einengt und beschränkt,
hat keine endgültige Macht über uns. Zur Freiheit sind wir
berufen. Zur Freiheit aus den Fesseln der Sucht zum Beispiel.
Francesco schrieb aus dem Gefängnis: „Ich bin innerlich frei!"
Die Freiheit ist stärker als Fesseln und Gitter. Es gibt Menschen,
die werden von den Mächtigen ins Gefängnis gesteckt, sozusagen „mundtot" gemacht, weil ihre Gedanken von der Freiheit
eine Gefahr darstellen. Es gibt Menschen, denen nahm man
alles weg, ermordete ihre Familie, wie zum Beispiel der Schrift-
steller Alexander Solschenizyn. Sie hatten nichts mehr zu verlieren. Sie waren so gefährlich, weil sie keine Angst mehr hatten. Der Gedanke an die Freiheit kann Flächenbrände auslösen,
die Mächtigen vom Thron stürzen und die Knechte aus der
Sklaverei befreien.

Auch für den Gläubigen ist das Verlangen nach Freiheit die
stärkste Kraft. Christus ist der Erlöser und Befreier aus satanischen Mächten. Im Glaubensbekenntnis beten wir: „Hinabgestiegen in das Reich des Todes." Das ist der Scheol (hebräisch),
das Totenreich, der Ort der Schatten. Bis in diese Tiefe steigt
Christus hinab. Christus ist nicht nur dem Bösen begegnet, das
offen zu Tage tritt. Er streitet mit den Mächten der Finsternis.

Jesus Christus ist hinabgestiegen in die Unterwelt, wie es die
Ikonen darstellen. Er zerbricht die Pforten der Hölle, sprengt
die Ketten des Todes. Er nimmt einen der Befreiten an die
Hand, wie die Bilder der Ostkirche es zeigen, und führt alle
Seelen der Unterwelt ans Licht hinauf. Bis in die tiefsten
Schattenreiche bringt er das Licht der Hoffnung. Aus der
Tiefe steigt er als siegreicher Befreier empor.

Christus ist auch in unsere Lebensschatten hineingestiegen,
in unser Unbewusstes. Er hat sich eingelassen mit den
Chaosmächten, die unter der Oberfläche verborgen sind.

Wir schleppen viel Totes mit uns herum, all das, was wir „begraben" haben und was ein Schattendasein führt. Dort, wo

Lähmung und Resignation uns einschließen wie ein Grab,
wälzt Christus den Stein auch von unseren Gräbern. Er
erleuchtet die Finsternis bis in den hintersten Winkel unseres
Herzens, nimmt uns an die Hand und führt uns hinaus ins
Freie. Wir erfahren das Wunder der Wandlung vom Tod ins
neue Leben, von der Gefangenschaft in die Befreiung.

Wort durch den Tag

Es gibt einen neuen Trendbegriff: „Cocooning" heißt das
Wort. Übersetzt bedeutet das: sich einspinnen wie eine Larve
im Kokon. Amerikanische Trendforscher glauben, dass sich
in Zeiten des Terrors und der Angst viele Menschen ins
Private zurückziehen nach dem Motto: Wer sich unsicher
fühlt, bleibt zu Hause.

Das Einigeln in den eigenen vier Wänden kann zur
Grundhaltung des Menschen werden. Wir neigen dazu, nur
um das eigene Ich zu kreisen. Dabei sperrt man sich selber
ein. Unser Weltbild gleicht heute manchmal diesem Cocooning. Nur in geschlossenen Systemen können wir leben.
So schaffen wir uns die eigenen Gefängnisse!

Wer den christlichen Glauben versteht, wird sich nicht mit
diesen selbst geschaffenen Kerkern abfinden. Denn „ihr seid
durch Christus zur Freiheit befreit" (siehe Gal 5,1).

37. Tag · Mittwoch

Geburtsstunde der Freiheit

Wort der Schrift

Du ließest Menschen über unsere Köpfe schreiten. Wir gingen durch Feuer und Wasser. Doch du hast uns in die Freiheit hinausgeführt (Ps 66,12).

Wort zum Tag

Alfred Delp (1907–1945) hat im Gefängnis der Gestapo mit gefesselten Händen geschrieben. Weil er nach dem Hitlerattentat angeklagt war, bekam er zur Haftverschärfung Handschellen angelegt, mit denen er dann auch die meisten seiner Texte geschrieben hat. Kurz vor seiner Verhandlung vor dem Volksgerichtshof und kurz vor seiner Hinrichtung schrieb er diese bewegenden Gedanken zum Thema „Freiheit":

„Der Mensch mag frei sein. Als Sklave, in Kette und Fessel, in Kerker und Haft verkümmert er. Über die äußere Freiheit hat sich der Mensch viele Gedanken und Sorgen gemacht. Er hat erst unternommen, seine äußere Freiheit zu sichern, und er hat sie doch immer wieder verloren. Das Schlimme ist, dass der Mensch sich an die Unfreiheit gewöhnt und selbst die ödeste und tödlichste Sklaverei sich als Freiheit aufreden lässt."[26]

Delp hat dies in den Wochen erkannt, die er im Kerker der Gestapo verbrachte. Menschen sind immer dann verloren und dem Gesetz ihrer Umwelt, ihrer Verhältnisse, ihrer Vergewaltigungen verfallen, wenn sie nicht einer großen inneren Weite und Freiheit fähig sind. Die Freiheit muss die innere Leidenschaft werden. Wer nicht in einer Atmosphäre der Freiheit zuhause ist, die unantastbar und unberührbar bleibt, ist verloren. Der ist aber auch kein wirklicher Mensch, sondern Objekt, Nummer, Statist, Karteikarte.

„Diese Freiheit wird einer nur erreichen, wenn er seine eigenen Grenzen überschreitet. Der Mensch kann dies auch in unzulässiger, empörerischer Weise versuchen. Aber gerade der im Menschen schlummernde Blitz zur seinshaften Meuterei zeigt, wie sehr der Mensch in seinem Wesen darauf angelegt ist, aus seinen Grenzen herauszukommen. Den Rebellen kann man noch zum Menschen machen, den Spießer und den Genießer nicht mehr.

Die Geburtsstunde der menschlichen Freiheit ist die Stunde der Begegnung mit Gott. Ob Gott nun einen Menschen aus sich herauszwingt durch die Übermacht von Not und Leid, ob er ihn aus sich herauslockt durch die Bilder der Schönheit und Wahrheit, ob er ihn aus sich selbst herausquält durch die unendliche Sehnsucht, durch den Hunger und Durst nach Gerechtigkeit, das ist ja eigentlich gleichgültig. Wenn der Mensch nur gerufen wird und wenn er sich nur rufen lässt."[27]

Das ist die Stunde der Freiheit: die Begegnung mit Gott. In der Begegnung mit Gott sind wir zum Herrschaftswechsel herausgefordert. Folgerichtig wird der Mensch fähig zur Anbetung. Was aber heißt anbeten? Wenn ich anbete, bringe ich zum Ausdruck: „Du, Gott, bist der Schöpfer, ich bin dein Geschöpf." Anbetung ist also die Grundhaltung des Menschen vor Gott. Einer ist größer als ich, und ich beuge freiwillig das Knie. „Das gebeugte Knie und die hingehaltene leere Hand sind die Urgebärden der Freiheit", sagt Alfred Delp.

Dem Grundausdruck der Anbetung steht aber eine Grundversuchung gegenüber. Der Verwirrer, der Böse, versucht alles durcheinanderzubringen. Wenn man aber den Falschen anbetet, dann beginnt das Verwirrspiel. Das war die Urversuchung im Paradies: Sie wollten sein wie Gott! Und wenn jemand sein will wie Gott, dann beginnen die kleinen Herr-Götter zu herrschen. Dann beginnt das Unheil, weil diese eben kein göttliches Format haben.

Wenn wir anbeten, dann rücken wir diese verrückten Verhältnisse wieder zurecht. „Du, Herr, bist unser Gott und Schöpfer, und wir sind deine Geschöpfe." Dann können wir nicht selbstherrlich als Geschöpfe über die Schöpfung verfügen. Sie ist nicht Objekt unserer Ausbeutung. Alles ist Gabe und Geschenk, uns zur Verantwortung übergeben. Aus der Anbetung ergibt sich die Haltung der Ehrfurcht und der Freiheit.

Wort durch den Tag

Bedenken Sie die Worte Alfred Delps: „Das ist die Stunde der Freiheit: die Begegnung mit Gott" und „Das gebeugte Knie und die hingehaltene leere Hand sind die Urgebärden der Freiheit."

Die Freiheit der gebundenen Hände

Wort der Schrift

Deswegen bejahe ich meine Ohnmacht, alle Misshandlungen und Nöte, Verfolgungen und Ängste, die ich für Christus ertrage; denn wenn ich schwach bin, dann bin ich stark (2 Kor 12,10).

Wort zum Tag

Ecce homo! „Seht, welch ein Mensch!" Pilatus wäscht seine Hände in Unschuld. Aufrecht im Unrecht steht Jesus da. Die Hände gebunden, gefesselt, gefangen. Mit Dornen gekrönt. Den Purpurmantel um die Schultern gelegt. Zum Spottkönig haben sie ihn gemacht. Der Allmächtige macht sich ohnmächtig, liefert sich aus in die Hände seiner Peiniger.

Seine gebundenen Hände hält er uns hin, mit Stricken gefesselt. Kein Spielraum mehr. Mit diesen Händen hat er den Blinden geheilt und die Kinder gesegnet. Mit diesen Händen hat er Brot gebrochen und Hungernde gespeist. In diesen Händen steckt die Allmacht der Liebe. Er hat diese Allmacht weggegeben. Er hat sich ausgeliefert. Die Hände sind zusammengebunden. Sie werden bald am Balken angenagelt sein. Kein Spielraum mehr und doch ein unendlicher Wirkraum. Die gebundenen Hände sind die allmächtigen Hände, denn sie sind jene Hände, die bis zum Äußersten der Liebe sich geben. Wo er nichts mehr bewegen und tun kann, zeigen seine gebundenen Hände die äußerste Solidarität mit allen gebundenen Händen der Menschheitsgeschichte. Alles, was es an äußerer Bindung und Knechtung gibt, alles, was es an

innerer Ohnmacht gibt, ist drinnen in diesen gebundenen
Händen. Die Hände können jetzt nichts mehr wirken, wenn
nicht Gott wirkt. In seiner Gebundenheit an die Liebe
gewinnt er eine Freiheit, die ihm keiner mehr nehmen kann.
Wo haben wir oft gebundene Hände? Wo reiben wir uns
wund und können doch nichts ändern? Wo ballen wir die
Fäuste zum Protest und spüren nur unsere Ohnmacht? –
Noch nie habe ich meine Ohnmacht so gespürt wie am 11.
September 2001. Live erlebte ich den Horrorfilm am Fernseh-
gerät. Aus den Fenstern des Wolkenkratzers in Manhattan
winkten Menschen mit weißen Tüchern. Dann stürzte der
Turm ein. Nur zuschauen und nicht helfen können, treibt
einen fast zum Wahnsinn oder in die Depression.
Unser Bruder in der Ohnmacht ist Jesus. Er hat seine Hände
am Ölberg, als Judas ihn mit einem Kuss verriet, binden lassen.
Er hat alle Möglichkeiten aus der Hand gegeben. Seine Hände wurden an den Balken des Kreuzes angenagelt. „Anderen
hat er geholfen, sich selbst kann er nicht helfen" (Mt 27,42).
Er hat die Ohnmacht aller gebundenen Hände in seine Hände aufgenommen. Die Liebe treibt ihn zur äußersten Solidarität. Die Liebe verwandelt seine Gebundenheit und schenkt
ihm eine Freiheit, die alle Fesseln sprengt.[28]

Wort durch den Tag

„Man wandelt nur das, was man annimmt", hat C. G. Jung
gesagt. Die Ohnmacht annehmen und sie verwandeln lassen
durch die Liebe, ob das der Apostel Paulus meint, wenn er
schreibt: „Deshalb bejahe ich meine Ohnmacht … denn
wenn ich schwach bin, dann bin ich stark" (2 Kor 12,10)? Wo
wir uns mit gebundenen Händen ganz Gott überlassen,
schenkt er uns eine neue Freiheit.

Karfreitag

39. Tag · Karfreitag

Aus Liebe

Der verstorbene Bischof von Aachen, Klaus Hemmerle, hat am Ende eines geistlichen Wortes spontan vor diesem Bild im Dom zu Münster folgendes Gebet[29] formuliert:

Herr, gib mir die Freiheit Deiner gebundenen Hände!

Dort, wo ich nichts ändern kann,
gebe ich Dir meine gebundenen Hände
und verwandle meine Gebundenheit
in jene Liebe, die alles neu macht.

Dort, wo Angst mich bindet,
binde ich mich in Deine Angst
und werde frei.
Ich fürchte Dich nicht,
weil ich Dich liebe.

Dort, wo Feinde mir begegnen,
wo man mir böse ist
und wo ich dadurch gebunden bin
und gelähmt,
dort schenke ich Deinem Erbarmen
und Deiner Liebe diese Gebundenheit.
Und die Hände werden sich öffnen und ineinanderschlagen
im Bund des Friedens.

Dort, wo ich gebunden bin
an ein schreckliches Schicksal

oder ohnmächtig meinem Nächsten gegenüber,
wo ich gebundene Hände habe,
die nicht helfen können,
lege ich sie, mich bindend, in die Deinen
und vertraue Deiner Allmacht mehr als mir.

Herr, gib mir die Ohnmacht,
gib mir die Macht,
gib mir die Freiheit der Armut Deiner gebundenen Hände,
damit ich nichts anderes habe als Dich
und so gerade das Einzige weitergebe,
was es weiterzugeben gilt:
Dich und Deine Liebe.

Herr, ich bitte Dich,
gib mir die Freiheit
Deiner gebundenen Hände!

40. Tag · Karsamstag

Getauft

Wort der Schrift

Wir wurden mit ihm begraben durch die Taufe auf den Tod; und wie Christus durch die Herrlichkeit des Vaters von den Toten auferweckt wurde, so sollen auch wir als neue Menschen leben (Röm 6,4).

Wort zum Tag

„Widersagt ihr dem Bösen, um in der Freiheit der Kinder Gottes leben zu können?" – „Ich widersage." „Widersagt ihr den Verlockungen des Bösen, damit es nicht Macht über euch gewinnt?" – „Ich widersage." So sprechen wir bei der katholischen und auch orthodoxen Taufe.

In den ersten Jahrhunderten war die Taufe Erwachsener üblich. Die Taufbewerber gingen zunächst einen Weg der Vorbereitung, ein Katechumenat. Am Tag ihrer Taufe fanden sich die Taufbewerber im Westwerk der Kirche ein. Mit Blick nach Westen, der Himmelsrichtung, wo die Sonne untergeht, sagten sie zunächst dem Bösen ab. Dann stiegen sie in das Taufbecken, wurden untergetaucht und dann im wahrsten Sinn des Wortes „aus der Taufe gehoben". Sie stiegen die Stufen des Taufbeckens in die neue Freiheit hinauf mit dem Blick nach Osten. Die neue Richtung markierte die aufgehende Sonne – Symbol für Christus.

Umkehr heißt Abkehr von den alten Wegen hin zum neuen Weg, den der Getaufte nun im Licht des Auferstandenen geht. Diese neue Richtung wird in diesen äußeren Schritten sichtbar. Der Weg der Neugetauften führt nun nicht aus der Kirche hinaus nach Westen, sondern immer tiefer in die

Kirche hinein, also symbolisch nach Osten, in Richtung Sonne, auf Jesus Christus hin.

Ich widersage, um in der Freiheit der Kinder Gottes leben zu können. Ich widersage, damit das Böse keine Macht über mich gewinnt. – Wem widersage ich? Wer soll keine Macht über mich gewinnen? Was ist das Böse, das mich bindet und lähmt?

Ich widersage, damit ich den Verlockungen des Bösen nicht unterliege. Viele Verlockungen, Begierden und sogar Süchte wollen Macht über mich gewinnen. Ich widersage. – Geht das so einfach?

Zu den wichtigsten Dingen meines Lebens gehört das Wort „unterscheiden". Unsere Gesellschaft ist wie ein Supermarkt. Nicht nur Waren werden angeboten, sondern eine Vielfalt von Überzeugungen und Weltanschauungen. Es ist schwierig, das Gute vom Bösen und das Wahre vom Falschen zu unterscheiden. Wer die Wahl hat, hat die Qual. Wie finden wir heute durch den Dschungel von Informationen und Überzeugungen?

So viele Parolen. Welche ist richtig? So viele Weltanschauungen. Welche ist wichtig? So viele Worte. Welches ist wahr?

Um die Weisheit der Unterscheidung geht es letztlich. Zum Merkmal des Heiligen Geistes gehört Einheit und Eintracht, Friede und Versöhnung. Der Ungeist, der Teufel, wird in der Bibel der Diabolos genannt. Dieses griechische Wort „diabalein" heißt wörtlich übersetzt „durcheinanderwerfen"/„verwirren". Der große Verwirrer möchte heute gesellschaftliche Ordnungen wie auch die Herzen der Menschen in Verwirrung stürzen.

Wer seine Freiheit verteidigen will, für den ist außerdem die Wachsamkeit wichtig. Im ersten Petrusbrief heißt es: „Seid nüchtern und wachsam! Euer Widersacher, der Teufel, geht wie ein brüllender Löwe umher und sucht, wen er verschlin-

gen kann. Leistet ihm Widerstand in der Kraft des Glaubens"
(1 Petr 5,8f.).

Wer frei sein will und wer frei bleiben will, muss sich ganz
fest an Jesus Christus binden. Das ist besonders wichtig. Wer
sich vom Bösen befreit, muss den leeren Platz wieder füllen.
Sonst besetzen die Götzen sofort den leeren Platz. Das
Unbewusste lebt nicht mit den NEIN allein, es braucht ein
positives Ziel. Im Taufritus folgt dem Widersagen sofort die
Frage: Glaubst du an Gott, den Allmächtigen?

Christus befreit uns aus den Fängen des Bösen. Jesus
Christus ist der Befreier schlechthin. Am Karsamstag wird der
Satz aus dem Glaubensbekenntnis Realität: „Hinabgestiegen
in das Reich des Todes". Er ist sogar bis in die Schattenreiche
der Chaosmächte hinabgestiegen, bis in den Herrschafts-
bereich Satans. Er befreit die Gefangenen, sprengt ihre
Ketten. Er öffnet die Tore des Scheols und führt die armen
Seelen ans Licht. Der Höllenabstieg Jesu stellt bis heute in
der Ostkirche das zentrale Osterbild dar. Jesus steht als
Sieger auf der zerbrochenen Höllenpforte und führt Adam
und Eva als Erste der Erlösten aus dem Höllenschlund heraus. In der westlichen Tradition dagegen zeigt das zentrale
Osterbild die Auferstehung Christi.

Im Exorzismus praktiziert die Kirche noch heute einen Ritus
der Befreiung von satanischen Mächten. Sie beruft sich auf
Jesus selbst. Besonders das Markusevangelium schildert ein-
drücklich solche Exorzismen. „Und er zog durch ganz
Galiläa, predigte in den Synagogen und trieb die Dämonen
aus" (Mk 1,39). Es ist gut, dass der Ritus des Exorzismus
heute nur mit ausdrücklicher Erlaubnis der Kirche ange-
wandt werden darf.

Um die „Freiheit der Kinder Gottes" leben zu können, wurde
dieses Buch geschrieben. Das Wort des Apostels Paulus aus
dem Brief an die Galater bleibt immer aktuell: „Zur Freiheit hat

uns Christus befreit. Bleibt daher fest und lasst euch nicht von Neuem das Joch der Knechtschaft auflegen!" (Gal 5,1).

Wort durch den Tag

Die Zehn Gebote beginnen mit dem Wort: „Ich bin Jahwe, dein Gott, der dich aus Ägypten geführt hat, aus dem Sklavenhaus. Du sollst neben mir keine anderen Götter haben" (Dtn 5,6f.).

Es geht also um die Freiheit des Menschen und um die Gefahr seiner Versklavung durch Götter und Götzen. Die Verführung kennt heute keine Grenzen. Wir müssen uns entscheiden, wem wir Macht und Einfluss über uns einräumen und unter welcher Herrschaft wir leben wollen. Wer sich für Gott entscheidet, vollzieht einen Herrschaftswechsel. Wer wagt, sich in Liebe an Christus zu binden, erlebt die Geburtsstunde einer neuen Freiheit.

Freut euch mit mir
am Wunder aller Wunder!
Kommt aus den Kellern der Angst,
öffnet verriegelte Türen!
Das Grab aller Gräber wurde gesprengt.
Der Stein der Verzweiflung ist weggerollt.
Feiert schon heute das Leben von morgen.
Die neue Welt hat ihren ersten Tag.

Ostern

Auferstehung – Geschenkte Freiheit

Das Grab wird aufgebrochen. Der Stein ist weggewälzt. Am Ort des Todes ergeht die Kunde vom Leben. Tod, wo ist dein Stachel? Tod, wo ist dein Sieg? Auferstehung ist die befreiende, österliche Wende. Sie ist die Vollendung der Freiheit.

Ist in der ganzen Schöpfung eine Kraft, die zur Freiheit drängt? Trotz der Bedrohung durch Chaosmächte ist alles auf Vollendung angelegt. „Aus Sehnsucht, nur aus Sehnsucht ist das Weltall aufgebaut" (Martin Gutl).

Ostern können wir eigentlich nur in Bildern erfassen. Die Metamorphose der Raupe, die sich entpuppt zum Schmetterling, ist ein Bild der Verwandlung, das uns das Wunder der Auferstehung erahnen lässt. „Das Leben wird uns nicht genommen, sondern nur gewandelt", heißt ein Wort in der Liturgie.

Aus der hässlichen, gefräßigen Raupe entwickelt sich der wunderschöne Schmetterling. Die Raupe wird zur Puppe, die den flatternden Falter entlässt. Die Raupe des Seidenspinners zum Beispiel spinnt sich aus Seidenfäden einen Kokon, in dem sie sich verpuppt. Dann beginnt der aufregendste Moment im Inneren dieser Puppe. Aus der toten Haut schlüpft der vollendete Schmetterling und entfaltet seine wunderbaren Flügel.

Noch heute gibt die Metamorphose der Schmetterlinge den Entwicklungsbiologen mehr als ein Rätsel auf. Ist im Ei schon das Bild des Falters hineingelegt? Woher kommt der Trieb, die mühseligen Stationen der Verwandlung auf sich zu nehmen? Wie stark ist das Verlangen nach Freiheit?

„Wir wissen, dass die gesamte Schöpfung bis zum heutigen Tag seufzt und in Geburtswehen liegt" (Röm 8,22). Geburt ist immer ein Vorgang der Befreiung. Aus der Enge in die Weite. Die ganze Schöpfung soll von der Sklaverei und Verlorenheit befreit werden zur Freiheit und Herrlichkeit der Kinder Gottes. Mitten im Vergehen beginnt die Verwandlung. Christi Auferstehung ist das Signal, dass die Kräfte des Todes besiegt sind und die Vergänglichkeit überwunden ist. In der Mitte der Welt sind die Kräfte der verklärten Erde sichtbar geworden. Die neue Welt hat ihren ersten Tag!

Quellennachweis

[1] Christian Morgenstern, Stufen, Echo Library, S. 16.

[2] Nach Hans Künzler, Es war einmal ein Wunderknabe, in: Orientierung 7 (1975).

[3] Nach Anthony de Mello, Eine Minute Unsinn – Weisheitsgeschichten, Freiburg im Breisgau 1995.

[4] Hermann Hesse, Das Lied des Lebens. Die schönsten Gedichte von Hermann Hesse, Suhrkamp 1986.

[5] Ödön von Horváth, Sentenz aus Volksstück „Zur schönen Aussicht", 1926.

[6] Aus einem Brief von Schiller an Körner vom 21.9.1792; entnommen aus Gfrereis, Heike (Hrsg.), „Unterm Parnass". Das Schillermuseum, Marbach am Neckar, Dt. Schillergesellschaft 2009.

[7] Gekürzter Auszug aus: Max Horkheimer; Bedrohungen der Freiheit (1965); In: Horkheimer, Max/Rahner, Karl (Hg.), Über die Freiheit. Eine Vorlesungsreihe des 12. Deutschen Evangelischen Kirchentages, Köln 1965, Stuttgart 1965.

[8] Karl Marx, Friedrich Engels, Werke III, 33.

[9] Nach Heinrich Bölls Anekdote zur Senkung der Arbeitsmoral, in: ders., Erzählungen 1937–1983, Bd. 4, hrsg. von Viktor Böll und Karl Heiner Busse, Köln 1997.

[10] Vgl. Heinrich Schmidinger, Das Wesen des Menschen liegt in seiner Freiheit – Zur Geschichte einer Definition. In: Schmidinger, H./Sedmak, Cl. (Hrsg.), Der Mensch – ein freies Wesen? Darmstadt 2005, S. 7.

[11] Gerhard Roth, Das Gehirn und seine Wirklichkeit. Frankfurt: Suhrkamp 1997, S. 309.

[12] Dr. Edeltraud Bülow war bis zu ihrer Emeritierung 2002 Professorin für Klinische Linguistik, Logopädie und Sprachwissenschaft an der Universität Münster.

[13] Vgl. Bauer, Joachim, Das kooperative Gen. Abschied vom Darwinismus. Hamburg 2008, S. 23ff.

[14] John Searle, Geist. Frankfurt 2006, S. 247.

[15] Tobias Kläden, Der freie Wille – Nur ein frommer Wunsch? Begriffliche und empirische Überlegungen zur Diskussion um die Willensfreiheit, in: Christian Spieß [Hg.], Freiheit – Natur – Religion. Studien zur Sozialethik [FS für Arno Anzenbacher], Paderborn 2010. © Verlag Ferdinand Schöning GmbH & Co. KG, Paderborn.

[16] Freiheit, Kommentar von Heinz-Dieter Kurz, Denken + Glauben – Nr. 155, Zeitschrift der Kath. Hochschulgemeinden für die Steirischen Universitäten und Hochschulen, Herbst 2009. Rechte beim Autor.

[17] Volkslied, ab 19. Jh. bekannt.

[18] Martin Luther, Von der Freiheit eines Christenmenschen, In: Heiko A. Oberman (Hg.), Kirchen- und Theologiegeschichte in Quellen. Ein Arbeitsbuch. Bd. III, Die Kirche im Zeitalter der Reformation, Neukirchen 1981.

[19] Nach einer Predigt vom Bischof der Pommerschen Evangelischen Kirche, Dr. Hans-Jürgen Abromeit.

[20] Gerald Kruhöffer, Glaube und Verantwortung. Theologische Grundfragen heute (Grundlegungen 8); © LIT Verlag Berlin – Münster – Wien – Zürich – London 2003.

[21] Rainer Maria Rilke, Das Herbstbuch, 1982.

[22] Quelle unbekannt.

[23] Vgl. Erich Fromm, Haben oder Sein. Die seelischen Grundlagen einer neuen Gesellschaft, München [33]2005.

[24] Vgl. Elmar Gruber, Lass Schaf und Wolf zusammen in dir wohnen, München 1993.

[25] Vgl. Beate M. Weingardt, Das verzeih' ich dir (nie)! Kränkung überwinden, Beziehung erneuern, Haan 2009.

[26] Alfred Delp, Gesammelte Schriften, Bd. 1-4, hrsg. von Roman Bleistein, Frankfurt a. M. 1984, Bd. 4, Aus dem Gefängnis, S. 216. © Knecht Verlag in der Verlag Herder GmbH, Freiburg im Breisgau 1985.

[27] Ebd.

[28] Zusammengefasst nach einem geistlichen Wort von Bischof Klaus Hemmerle beim Ordenstag im Dom zu Münster, 1983.

[29] Gebet von Bischof Klaus Hemmerle beim Ordenstag im Dom zu Münster, 1983.

Sollten, trotz gründlicher Recherche zur Ermittlung von Fremdtexten und Quellen, im Einzelfall Nachweise nicht korrekt sein oder die Erlaubnis des Abdrucks fehlen, sind wir für entsprechende Hinweise dankbar.

Verlag Katholisches Bibelwerk GmbH

Bildnachweis

S. 9:   © Christiane Herholz, Kiel

S. 19:   © uschi dreiucker/pixelio.de

S. 33:   © Cornerstone/pixelio.de

S. 47:   © sonnentaler/photocase.com

S. 65:   © RainerSturm/pixelio.de

S. 85:   © Jason Sellers/aboutpixel.de

S. 103:   © Christiane Herholz, Kiel

S. 115:   © Christiane Herholz, Kiel

S. 123:   © Erich Purk, Münster

Texte für das Jahr

Erich Purk
Stark wie ein Baum
Der spirituelle Begleiter

Format 13 x 20 cm;
104 Seiten; gebunden
ISBN 978-3-460-27165-4

Gibt es ein besseres Bild für den Kreislauf des Jahres als einen Baum? Sein wechselndes Blätterkleid ist wie ein Sinnbild für den Wandel des Lebens. Pater Erich meditiert in diesem bibliophil gestalteten Jahresbegleiter das Kirchenjahr anhand dieses Symbols: Vom brennenden Dornbusch als „Gotteszeichen" über die blühende Wüste als Symbol für die Ankunft Christi bis hin zum Holz, das gleichzeitig Material für die Krippe wie für das Kreuz Jesu war. Texte, die ermutigen und begleiten.

 bibelwerk
Verlag Katholisches Bibelwerk
Silberburgstraße 121 · 70176 Stuttgart
Tel. 07 11 / 6 19 20 −37 · Fax −30
www.bibelwerk-impuls.de